キミたちはどう学ぶか?

こどものための道徳

学び方編

明治大学教授
齋藤孝

かたおかもえこ[絵]

ビジネス社

はじめに ～キミたちはどう学《まな》ぶか？～

『こどものための道徳《どうとく》 生《い》き方編《かたへん》』の「はじめに」でも書《か》いたように、2018年度《ねんど》から小学校《しょうがっこう》で、翌《よく》2019年度《ねんど》からは中学校《ちゅうがっこう》で「道徳《どうとく》」が正式《せいしき》な教科《きょうか》になります。この新《あたら》しい道徳《どうとく》の授業《じゅぎょう》では、なにが正《ただ》しくてなにが正《ただ》しくないのか、という「道《みち》」のあり方《かた》とともに、その答《こた》えに至《いた》るまでの「道筋《みちすじ》」となる考《かんが》え方《かた》をどう学《まな》ぶのかということも、重要《じゅうよう》なテーマとなるでしょう。

そこで、この「学《まな》び方編《かたへん》」では、勉強《べんきょう》する意味《いみ》、友《とも》だちとのつき合《あ》い方《かた》、イジメ問題《もんだい》の本質《ほんしつ》、そして恋愛《れんあい》の意義《いぎ》にいたるまで、学校生活《がっこうせいかつ》で起《お》こるギモンを、ひとつずつ考《かんが》えてみることにしました。

「イジメに負《ま》けない勇気《ゆうき》」「勉強《べんきょう》が楽《たの》しくなるやる気《き》」「仲間《なかま》と助《たす》け合《あ》うパワー」

これらは、先《さき》に挙《あ》げた悩《なや》みや問題《もんだい》について、なにが本当《ほんとう》に正《ただ》しい道《みち》なのかを「考《かんが》える」ことで身《み》につくものです。実《じつ》はスポーツや音楽《おんがく》、絵画《かいが》などと同《おな》じように、練習《れんしゅう》しなければ「考《かんが》える」ということもなかなか上手《じょうず》になりません。

けれども、子《こ》どものころからいろいろな問題《もんだい》をしっかり考《かんが》える練習《れんしゅう》をしておけば、大人《おとな》になってからも必《かなら》ず役立《やくだ》ちます。社会《しゃかい》では、「これは学校《がっこう》で考《かんが》えた問題《もんだい》と同《おな》じだ」ということが、よく起《お》こるからです。

ですから、まずは読《よ》みながら、どんなギモンも自分《じぶん》の頭《あたま》のなかでいったんねり直《なお》してみてください。そうすると、「たしかに、そういう見方《みかた》もあるかもね」「そうか、それは気《き》づいていなかったな」という発見《はっけん》があるはずです。そうした〝気《き》づき〟が、自分《じぶん》の考《かんが》える力《ちから》を強《つよ》めていく原動力《げんどうりょく》となります。そして、その繰《く》り返《かえ》しが、生《い》きるために必要《ひつよう》な「柔軟《じゅうなん》な頭脳《ずのう》」をつくっていくのです。

それではさっそく、いっしょに考《かんが》えていきましょう。この本《ほん》に登場《とうじょう》するキミたちの仲間《なかま》たちとの話《はな》し合《あ》いを終《お》えたとき、今後《こんご》どう生《い》きるかのヒントが、一人《ひとり》ひとりの頭《あたま》のなかにきっと残《のこ》るはずです。

齋藤孝《さいとうたかし》

道徳教室《どうとくきょうしつ》の先生《せんせい》と仲間《なかま》たち

先生《せんせい》

テレビでもおなじみの日本語《にほんご》と教育《きょういく》のプロ。サッカーのメッシ選手《せんしゅ》の大《だい》ファン。

春実《はるみ》

いきものが好《す》き。ちょっとこわがり。コツコツタイプで、勉強《べんきょう》がけっこう得意《とくい》。

夏樹《なつき》

スポーツ大好《だいす》きで勉強《べんきょう》は苦手《にがて》。元気《げんき》がよすぎてたまに暴走《ぼうそう》ぎみなところあり。

秋音《あきね》

自分《じぶん》の意見《いけん》はハッキリいう。ファッションやかわいいものが好《す》き。

冬斗《ふゆと》

インドア派《は》。読書《どくしょ》とアイドルが好《す》き。“推《お》し”は「ABC48」の「ユミリン」。

目《もく》次《じ》

ギモン
01

なぜ勉強《べんきょう》なんてしなきゃいけないの？

A

学校《がっこう》の勉強《べんきょう》なんかできなくても立派《りっぱ》な人《ひと》はいるんだから、好《す》きなことにこそ時間《じかん》を使《つか》おう！

B

学校《がっこう》の勉強《べんきょう》をしておけば、
将来《しょうらい》役立《やくだ》つ知識《ちしき》が身《み》につくから、
やっておいてソンはない！

きゅ、急に
どうしたんだ!?
サッカー選手になって
有名になったら、
自伝を書けるように
国語も
がんばっておこう!!
サインのために
字の練習も…
賞金の使い方のために
算数も！
あと、健康管理の
ために家庭科もっ!!
しゅばばばっ

先生《せんせい》、ボクは将来《しょうらい》、サッカー選手《せんしゅ》になりたいから、算数《さんすう》や理科《りか》なんて必要《ひつよう》ないと思《おも》っているんですけど……。勉強《べんきょう》がどう役立《やくだ》つのか、想像《そうぞう》もつきません。

ハハハ。勉強《べんきょう》をしたくない子《こ》にかぎって、「学校《がっこう》の勉強《べんきょう》が将来《しょうらい》の役《やく》に立《た》つわけじゃない!」って、よくいうんだよね。

でも、実際《じっさい》にそうじゃないですか?

いや、勉強《べんきょう》ってちょっとちがうんだよね。たとえば、サッカー選手《せんしゅ》になれたとしても、引退後《いんたいご》の問題《もんだい》があるでしょ。あるいは、途中《とちゅう》で、もっとやりたい仕事《しごと》に出会《であ》うかもしれないわけだよね。そんなとき、**勉強《べんきょう》をしておいたほうが可能《かのう》性《せい》が広《ひろ》がるんだ。だから、いまのうちにがんばっておいたほうが絶対《ぜったい》にいい**。

たとえば夏樹《なつき》くん。あるとき、キミがサッカー選手《せんしゅ》になるよりも、国語《こくご》の教師《きょうし》になりたいなと思《おも》ったとします。ところが、勉強《べんきょう》をしていないと、まず学校《がっこう》の先生《せんせい》にはなれないから、自分《じぶん》の希望《きぼう》をあきらめなければならなくなる。

うーん。いまのところ、とくに教師《きょうし》になりたいとは思《おも》わないですけど……。

もちろん「たとえば」の話《はなし》。教師《きょうし》じゃなく、ゲームの開発者《かいはつしゃ》でもなんでもいい。大人《おとな》になってはたらくとき、**一見《いっけん》、勉強《べんきょう》に関係《かんけい》なさそうな職業《しょくぎょう》でも、相手《あいて》は仕事《しごと》がデキる人《ひと》を選《えら》びたいから、そのモノサシとして成績《せいせき》とか、どんな学校《がっこう》を卒業《そつぎょう》しているかとかを見《み》る**んですね。

あ、それって「ガクレキ」とかっていうんじゃなかったでしたっけ。どの学校《がっこう》を出《で》たかでその人《ひと》の能力《のうりょく》を決《き》めるなんて、なんかおかしい気《き》もするけど。

たしかに「学歴《がくれき》」で人《ひと》を判断《はんだん》することに対《たい》して、いい意見《いけん》、悪《わる》い意見両方《いけんりょうほう》あります。実際《じっさい》、学歴《がくれき》を入社《にゅうしゃ》の条件《じょうけん》にしない会社《かいしゃ》も増《ふ》えていますし。ただ、いぜん、そうした傾向《けいこう》が日本《にほん》の社会《しゃかい》にはあるということくらいは、知《し》っておいてソンじゃないかもしれませんね。

でも、ボクの好《す》きなサッカー選手《せんしゅ》やお笑《わら》い芸人《げいにん》って、みんながみんなガクレキがあるわけじゃないと思《おも》うんだけどな。

たしかに、**勉強《べんきょう》ができなければ絶対《ぜったい》にダメ、というわけでもない**。たとえば、

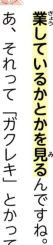

会社《かいしゃ》の経営《けいえい》をしている人《ひと》のなかには、学歴《がくれき》なんか関係《かんけい》なしに自分《じぶん》のアイデアと実力《じつりょく》で会社《かいしゃ》をつくった人《ひと》もいます。また、歌手《かしゅ》や役者《やくしゃ》、画家《がか》などもそうだね。ですから、「学校《がっこう》の勉強《べんきょう》なんかしなくても……」という気持《きも》ちもわからないではない。逆《ぎゃく》に、勉強《べんきょう》ができても仕事《しごと》ができない人《ひと》もいますから。

ふーん。じゃあ、やっぱり学校《がっこう》の勉強《べんきょう》ができなくても、チャンスがあるのでは？

そういう見方《みかた》もできなくはないけど、私《わたし》はこう考《かんが》えています。なりたい職業《しょくぎょう》に直接関係《ちょくせつかんけい》がなくても、**やっぱり「勉強《べんきょう》する」ことは必要《ひつよう》。なぜなら、知識《ちしき》をえられるだけでなく、「がんばるコツ」がわかるから。**

え？　がんばるコツなんて学校《がっこう》で習《なら》ったことないけど……。

実《じつ》は学校《がっこう》の勉強《べんきょう》というのは、「できないことをできるようにする」とか、「苦手《にがて》なことを得意《とくい》にする」とか、そうした生《い》きていくために必要《ひつよう》なワザを身《み》につけるための練習《れんしゅう》でもあるんだ。実際《じっさい》、勉強《べんきょう》をがんばってきた人《ひと》は、新《あたら》しいことにチャレンジしたときの吸収《きゅうしゅう》が早《はや》い。それは、勉強《べんきょう》を通《つう》じて「苦手《にがて》なことでもが

んばって克服《こくふく》する」という訓練《くんれん》をしてきたからなんだ。

学校《がっこう》の勉強《べんきょう》って、まるでスポーツの「基礎体力《きそたいりょく》トレーニング」みたいですね。

そのとおり。**知識《ちしき》やがんばる力《ちから》といった基礎《きそ》がしっかりしていれば、将来《しょうらい》の選《せん》択肢《たくし》も広《ひろ》がるし、どんな仕事《しごと》でも応用《おうよう》がきく**。そこが勉強《べんきょう》のいいところなんだ。

それに、**なにをやるにしても重要《じゅうよう》なのは「やる気《き》」**です。これがない人《ひと》は、たとえ知識《ちしき》があっても仕事《しごと》はイマイチの場合《ばあい》が多《おお》い。だからこそ、勉強《べんきょう》にせよスポーツにせよなんにせよ、「やる気《き》」を出《だ》してがんばれるものを見《み》つけることが重要《じゅうよう》なんだ。

勉強《べんきょう》は社会《しゃかい》で活躍《かつやく》するための基礎体力《きそたいりょく》トレーニング！ ここで、「がんばれる力《ちから》」を身《み》につけよう！

ギモン
02

スポーツとかって、単《たん》なる勉強《べんきょう》のじゃまでは？

A

スポーツとか習《なら》い事《ごと》なんて勉強《べんきょう》のじゃまになるだけ。やる必要《ひつよう》なんてどこにもないよ！

B

スポーツや趣味《しゅみ》を楽《たの》しめば、
それでリフレッシュできて
勉強《べんきょう》ももっとがんばれる！

夏樹《なつき》から、勉強《べんきょう》することが将来《しょうらい》の役《やく》に立《た》つという話《はなし》を聞《き》きました。では、スポーツ活動《かつどう》はどうなんでしょう？　ボクはイマイチ苦手《にがて》ですが……。

勉強《べんきょう》とスポーツのバランスというのもむずかしい問題《もんだい》ですね。実際《じっさい》、中学生《ちゅうがくせい》になると部活《ぶかつ》で疲《つか》れて勉強《べんきょう》どころではなくなったり、逆《ぎゃく》に勉強《べんきょう》のじゃまになるから部活《ぶかつ》ではあまりがんばらないというタイプもいます。

実《じつ》は先生《せんせい》も、好《す》きなことだけやって勉強《べんきょう》は後回《あとまわ》し……というタイプでした。中学《ちゅうがく》、高校《こうこう》、大学《だいがく》と3回《かい》の受験《じゅけん》を経験《けいけん》したけど、合格《ごうかく》するには、やっぱり勉強《べんきょう》しなければいけない。正直《しょうじき》、それがとてもストレスでしたね。

へぇ、なんだか意外《いがい》。先生《せんせい》はずっと勉強《べんきょう》が好《す》きなんだと思《おも》っていました。

まぁ、がんばった結果《けっか》、できるようになったので好《す》きにはなったよね。でも、当時《とうじ》、もっとやりたいことがたくさんあったから、受験勉強《じゅけんべんきょう》はツラかったなぁ。**いま教《おし》えている大学生《だいがくせい》に「キミがいちばん輝《かがや》いていたのはいつ？」と聞《き》いても、やっぱり多《おお》くの学生《がくせい》が「部活《ぶかつ》や趣味《しゅみ》に熱中《ねっちゅう》していたとき」と答《こた》える**んだ。「勉《べん》強《きょう》をしていたとき」という人《ひと》もいるけど、ものすごく少《すく》ない（笑）。

勉強《べんきょう》している姿《すがた》よりも、スポーツしているときのほうがカッコいいですしね。

そう、**勉強《べんきょう》は地味《じみ》。でも、その地味《じみ》な作業《さぎょう》をしたからこそ輝《かがや》く未来《みらい》があることも、たしかだと思《おも》う**んです。たとえば、タモリさんは、鉄道《てつどう》とか坂《さか》とか古《ふる》い街《まち》並《な》みが大好《だいす》きで、そういうことを紹介《しょうかい》するテレビ番組《ばんぐみ》もやっているけど、好《す》きなことだから知識量《ちしきりょう》がすごい。石《いし》を一目見《ひとめみ》て「花崗岩《かこうがん》ですね」なんて当《あ》てて、専門家《せんもんか》をおどろかせちゃう。これってすごくカッコいいと思《おも》わない？

なんでも知《し》ってて答《こた》えられる人は、やっぱカッコいいですよ！

タモリさんが歴史《れきし》や地理《ちり》などに詳《くわ》しいように、趣味《しゅみ》がそうした勉強《べんきょう》とつながり、趣味《しゅみ》を通《つう》じて勉強《べんきょう》の意味《いみ》を知《し》ることも多々《たた》あるんです。冬斗《ふゆと》くんは、まだ勉強《べんきょう》の本当《ほんとう》の意味《いみ》はわからないかもしれないけど、年齢《ねんれい》を重《かさ》ねると、「あ、理科《りか》の授業《じゅぎょう》で習《なら》った星座《せいざ》を見《み》つけた」とか「数学《すうがく》は論理的《ろんりてき》に考《かんが》えを整理《せいり》するのに役立《やくだ》つんだな」というように、具体的《ぐたいてき》にわかってくる。だから、年《とし》をとってから「あのとき勉強《べんきょう》しておけばよかった」と後悔《こうかい》する人《ひと》も大勢《おおぜい》いるわけです。

年《とし》をとってから後悔《こうかい》したくないから趣味《しゅみ》にも勉強《べんきょう》にも力《ちから》を入《い》れないと。

そう。とにかく、自分《じぶん》の好《す》きなことを思《おも》い切《き》りやっておいたほうがいい。夢中《むちゅう》になれるものがなければ、「うまくなりたい」「もっと深《ふか》く知《し》りたい」という向《こう》上心《じょうしん》も持《も》てないでしょ。でも、**好《す》きなことであれば上手《じょうず》になりたいと思《おも》うし、もっと上《うえ》を目指《めざ》したいという気持《きも》ちになり、それが勉強《べんきょう》する意欲《いよく》にもつながる。**

アイドル好《ず》きなのですが、それでもいいのでしょうか?

もちろん。そんなノリでいいので、どんな分野《ぶんや》でもいいから、自分《じぶん》の好《す》きなものにグッと入《はい》り込《こ》んでいってほしいな。

たとえば鉄道《てつどう》が好《す》きでどんどんのめり込《こ》めば、車両《しゃりょう》だけでなく鉄道《てつどう》を敷《し》く技術《ぎじゅつ》にも興味《きょうみ》がわくし、そこからレールをどう置《お》くのかとか、自然災害《しぜんさいがい》に強《つよ》い鉄道《てつどう》をつくるには……などと、どんどん好奇心《こうきしん》がふくらんでいくよね。

そうか。そこで社会《しゃかい》や理科《りか》の知識《ちしき》が役《やく》に立《た》つんですね。

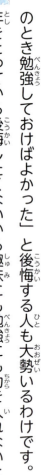

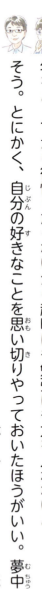

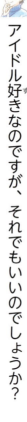

そのとおり。ある世界《せかい》に入《はい》り込《こ》むと、それがその人《ひと》の個性《こせい》になる。やがて「あの人《ひと》、すごいよね」とか「モノ知《し》りだなぁ」と評価《ひょうか》されるようになるんだ。

じゃあ、サッカースクールとか水泳教室《すいえいきょうしつ》なども一生懸命《いっしょうけんめい》やれば、どこかで必《かなら》ず役《やく》に立《た》つんですね。ちょっと考《かんが》えてみようかな。

いいですね。自分《じぶん》にとってなにが大切《たいせつ》なのかという「価値観《かちかん》」を知《し》ることができるという意味《いみ》で、スポーツにチャレンジするのはすごくいいことだよ。とにかく、勉強《べんきょう》をするだけでなく、なにかもうひとつ自分《じぶん》の好《す》きなものを見《み》つけて熱中《ねっちゅう》してみる。そうすると、**人《ひと》としてのバランスもよくなっていく**はずです。

熱中《ねっちゅう》できることがあるのはすばらしいこと！
それがひとつでも見《み》つかれば、人《ひと》としての幅《はば》も広《ひろ》がる！

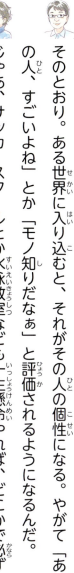

やる気《き》が出《で》ないときは、どうしたらいい？

ギモン 03

A

がんばっている友《とも》だちやすごい人《ひと》の話《はなし》を聞《き》いて、外《そと》から自分《じぶん》に刺激《しげき》を与《あた》える！

B

やる気《き》なんて内側《うちがわ》から出《で》るもの。
テンションが上《あ》がるまで
気《き》長《なが》に待《ま》つしかないね。

親《おや》から「勉強《べんきょう》をしろ」といわれても、なんだかやる気《き》にならないんですよね。どうしたら、やる気《き》って出《で》るんですか？

夏樹《なつき》くんは、**やる気《き》とは自分《じぶん》の内側《うちがわ》からわき出《だ》すものだと考《かんが》えているでしょ？** **でも実《じつ》は、外部《がいぶ》からの刺激《しげき》によって引《ひ》き起《お》こされるもの**なんだよね。たとえば、すごく勉強《べんきょう》している友《とも》だちを見《み》ると、じゃあ自分《じぶん》もやらなきゃと思《おも》うでしょ。あるいは、学年《がくねん》が上《あ》がったクラス替《が》えで、「こんなモノ知《し》りがいるんだ」とビックリするとかね。やる気《き》スイッチが入《はい》るきっかけは、自分《じぶん》のなかよりも外部《がいぶ》からの刺激《しげき》であることのほうが、圧倒的《あっとうてき》に多《おお》いと思《おも》うよ。

ボクも、自分《じぶん》よりサッカーがヘタだった友《とも》だちが急《きゅう》にウマくなったのを見《み》て、あせったことがあります。たしかに、あのときは夜遅《よるおそ》くまで練習《れんしゅう》したもんなぁ。

先生《せんせい》も大学《だいがく》に入《はい》ったとき、「こんなに勉強《べんきょう》が好《す》きな人《ひと》がいるんだ！」とショックを受《う》けました。「すごいな、上《うえ》には上《うえ》にいるな」と危機感《ききかん》を覚《おぼ》えたものです。

日本《にほん》でやる気《き》トップの人《ひと》たちが集《あつ》まっていたんでしょうから、そこで受《う》けた刺《し》

激《げき》も、ものすごい強《つよ》さだったわけですね。

そう。周《まわ》りがやる気《き》のある人《ひと》だらけだと、「こうしちゃいられない！」って自《じ》分《ぶん》のやる気《き》のレベルも自然《しぜん》に上《あ》がるんだ。知《し》り合《あ》いに英語《えいご》の勉強《べんきょう》が嫌《きら》いだった人《ひと》がいたんですが、外国人《がいこくじん》と数日《すうじつ》すごしたら、「ウマく話《はな》せなかったのがくやしい！」と、そこから猛勉強《もうべんきょう》して英語《えいご》がグングン上達《じょうたつ》しました。目的意識《もくてきいしき》がなかったら、おそらくそこまでやる気《き》にはならなかったでしょうね。

なんとなくわかりましたが、で、ボクはいったいどうすれば……。

では、いま挙《あ》げた例《れい》のなかに、やる気《き》がない、やる気《き》が起《お》きないという人《ひと》がどうしたらいいか、その答《こた》えになるヒントがありました。さてなんでしょう？

あっ、そうか！　やる気《き》が起《お》きない場合《ばあい》、どうやったら外《そと》から刺激《しげき》を受《う》けられるかを考《かんが》えればいいということですよね！

そのとおり！　たとえば**環境《かんきょう》を変《か》えてみるとか、すごくできる人《ひと》に会《あ》ってみるとか、新《あたら》しいことにチャレンジしてみるとか**ね。

となると、やる気《き》のある友《とも》だちといっしょに勉強《べんきょう》するというのもいいのかも。

そうだね。慶應義塾《けいおうぎじゅく》をつくった福沢諭吉《ふくざわゆきち》も、「**いっしょに勉強《べんきょう》する友《とも》だちが大《だい》事《じ》だ**」といっていました。勉強《べんきょう》ではないけど、先生《せんせい》にも経験《けいけん》がありますよ。映《えい》画《が》がすごく好《す》きな友《とも》だちからの影響《えいきょう》を受《う》けて、映画《えいが》をたくさん観《み》るようになったし。あるいは、クラシック音楽《おんがく》が好《す》きな友人《ゆうじん》の解説《かいせつ》に圧倒《あっとう》されて、必死《ひっし》にCDとかを聴《き》いているうちに、気《き》づいたら先生《せんせい》もクラシック音楽《おんがく》ファンになっちゃった（笑）。このように、友《とも》だちからの刺激《しげき》は、本当《ほんとう》に大事《だいじ》なんだ。

先生《せんせい》もいろんな人《ひと》から影響《えいきょう》を受《う》けているんですね。逆《ぎゃく》に、大学《だいがく》の先生《せんせい》なんだし、いろんな人《ひと》に刺激《しげき》をあたえているんじゃないですか？

そういえば先日《せんじつ》、ある女性《じょせい》から感謝《かんしゃ》されました。昔《むかし》、私《わたし》の講演会《こうえんかい》があって、そこに彼女《かのじょ》の息子《むすこ》さんがいたんですね。そのとき先生《せんせい》は、バスケットがテーマの大人気《だいにんき》マンガ『スラムダンク』をネタに「1日《にち》2万本《まんぼん》のシュート練習《れんしゅう》をやってはじめて自分《じぶん》のワザになる。勉強《べんきょう》も同《おな》じことだよ」というような話《はなし》をしたんで

す。すると、それを聞《き》いたその子《こ》のやる気《き》スイッチが入り、猛勉強家《もうべんきょうか》に大変身《だいへんしん》。いまは大《おお》きな会社《かいしゃ》でエンジニアとしてはたらいているというんです。「やる気《き》のなかったあの子《こ》が、先生《せんせい》のおかげで変《か》われました」とね。

先生《せんせい》＋スラムダンクじゃ、イヤでもやる気《き》が出《で》そうだなぁ。

ハハハ。これを聞《き》いて、**やる気《き》スイッチが入《はい》るきっかけは、自分《じぶん》のなかではなくやっぱり外部《がいぶ》からの刺激《しげき》にある**と強《つよ》く感《かん》じたんです。いろいろなものに触《ふ》れて、自分《じぶん》の心《こころ》に刺激《しげき》をあたえる。やる気《き》がまったくない人《ひと》なんていない。なぜなら、**やる気《き》スイッチはだれのなかにもある**のですから。

齋藤流 考えるヒント！

やる気《き》を起《お》こすきっかけは、外部《がいぶ》からの刺激《しげき》がほとんど！ 自分《じぶん》の「やる気《き》スイッチ」が入《はい》る出会《であ》いを見《み》つけよう！

向上心《こうじょうしん》ってホントに持《も》たなきゃダメなの？

ギモン 04

A

せっかく生《う》まれてきたのだから
常《つね》に自分《じぶん》をみがいていく
熱《あつ》い気持《きも》ちが大事《だいじ》だと思《おも》うよ！

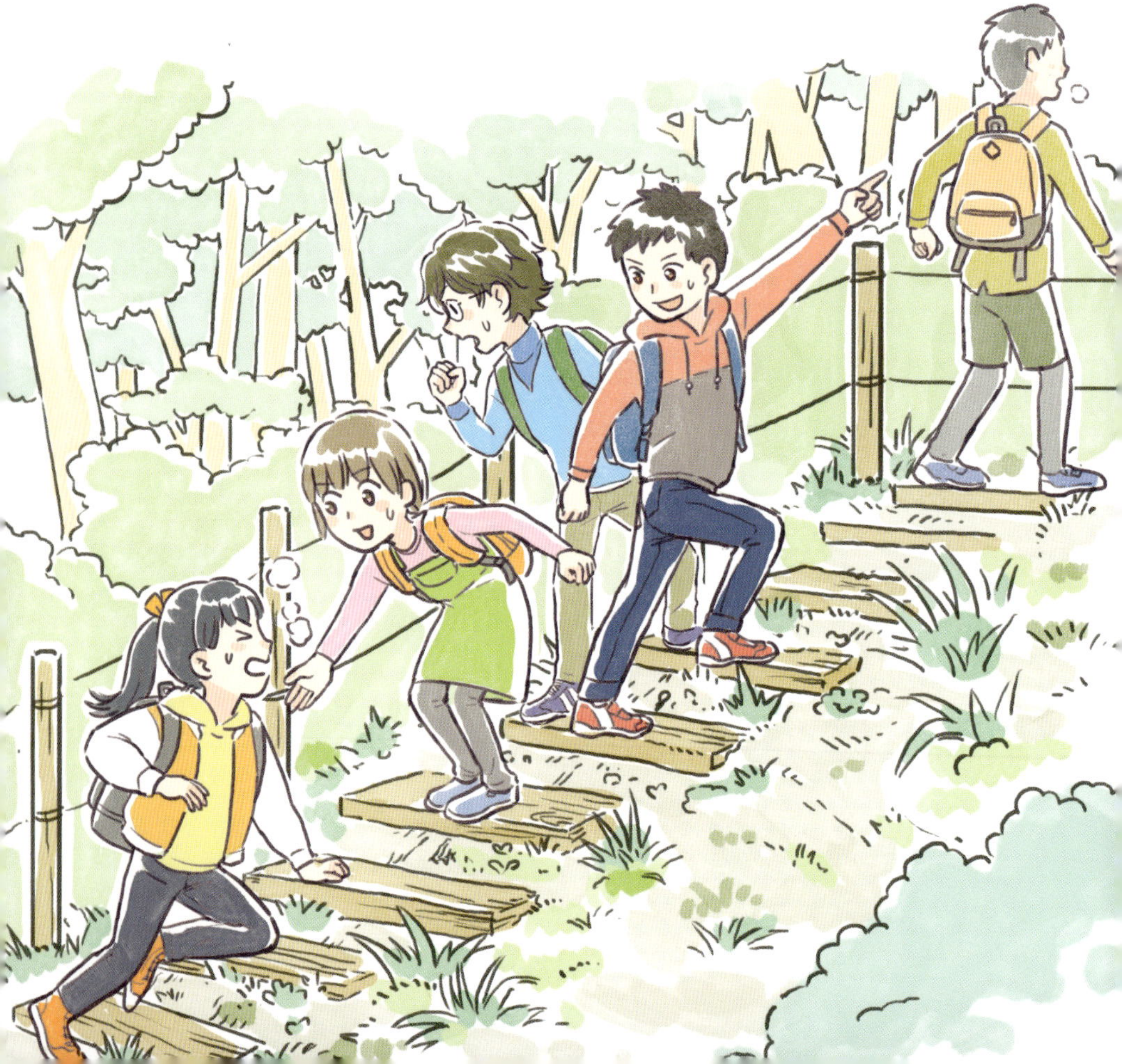

B

上《うえ》ばかり目指《めざ》していると
他人《たにん》との競争《きょうそう》で疲《つか》れちゃうから、
向上心《こうじょうしん》なんてなくてもいいよ。

成績《せいせき》が下《さ》がったら、「春実《はるみ》ちゃんはもっといい点数《てんすう》なのに!」とお母《かあ》さんにいわれちゃいました。「ほかの人《ひと》と競争《きょうそう》するのは苦手《にがて》だ」っていったら、「あなたは向上心《こうじょうしん》がないわね!」と怒《おこ》られてしまって……。

なるほど。成績《せいせき》が下《さ》がったことについて、秋音《あきね》ちゃんはどう思《おも》っているのかな?

もちろん、「もっとがんばらなきゃ」って思《おも》っています。

それなら「向上心《こうじょうしん》がない」ということにはならないよね。**「競争《きょうそう》が苦手《にがて》」と「向上心《こうじょうしん》がない」というのはまったくの別《べつ》モノ**。たとえば、自分《じぶん》の家《いえ》の庭《にわ》の世《せ》話《わ》を昨日《きのう》よりももっとうまくやろうと思《おも》ったら、これは向上心《こうじょうしん》があることになりますよね。でも、庭《にわ》の世話《せわ》はだれかと競争《きょうそう》するものではないでしょ。

あっ、そういえばそうですね。

学校《がっこう》の成績《せいせき》は点数《てんすう》がつくから、結果的《けっかてき》には競争《きょうそう》なんだけど、**自分《じぶん》の苦手《にがて》科目《かもく》を克服《こくふく》するとか、得意《とくい》科目《かもく》を伸《の》ばすという自分《じぶん》なりの目標《もくひょう》を立《た》てれば、〝競争《きょうそう》〟を意識《いしき》しなくてすみます**よね。だれかに勝《か》つとか負《ま》けるとかを競《きそ》うだけが向上《こうじょう》

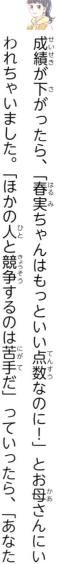

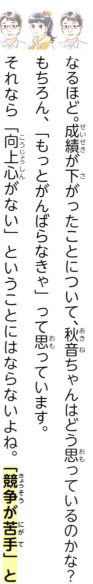

心《しん》ではないから、まずは競争《きょうそう》と向上心《こうじょうしん》を分《わ》けて考《かんが》えてみたらどうだろう。

そう考《かんが》えれば、気《き》がラクです！

先生《せんせい》の友《とも》だちにも、自分《じぶん》の仕事《しごと》はきちんとするけど出世欲《しゅっせよく》がない男《おとこ》がいました。

ただおもしろいのは、彼《かれ》にはその気《き》がないのに、周《まわ》りから推《お》されて出世《しゅっせ》していき、ついには大手銀行《おおてぎんこう》のトップになっちゃったこと。

出世競争《しゅっせきょうそう》には興味《きょうみ》がなかったのに？

彼《かれ》はすごく公平《こうへい》な人物《じんぶつ》でしたから、上司《じょうし》にもいいたいことをいっていました。

つまり、〝競争心《きょうそうしん》〟はなかったけれど、〝公共心《こうきょうしん》〟があった。だから信頼《しんらい》されたんだね。このように、**競争《きょうそう》するのが苦手《にがて》でも、向上心《こうじょうしん》、公共心《こうきょうしん》を胸《むね》に自分《じぶん》のやるべきことに取《と》り組《く》んでいれば、見《み》ている人《ひと》は必《かなら》ずいる**ということなんです。

つまり、「自分《じぶん》なりの向上心《こうじょうしん》」を持《も》っていればいいんですね。

そうですね。やっぱり、「こうしたい」「こうなりたい」という思《おも》いを持《も》つことが、まずは大事《だいじ》です。

もし人間《にんげん》に向上心《こうじょうしん》がなかったら、なにひとつ前《まえ》に進《すす》みませんもんね。

そうだね。向上心《こうじょうしん》なくして世《よ》の中《なか》の発展《はってん》はなかったでしょう。でも実際《じっさい》、いまの世《よ》の中《なか》には便利《べんり》なものがあふれています。それはなぜか。答《こた》えは**「もっとよくなるはず」「もっと便利《べんり》にできるはず」という気持《きも》ち=向上心《こうじょうしん》がある人《ひと》たちが、がんばって社会《しゃかい》をつくってきた**からなんです。

だから、さっきもいったように、向上心《こうじょうしん》を持《も》っていろいろと取《と》り組《く》むことで、春実《はるみ》ちゃんにも目《め》の前《まえ》が大《おお》きく開《ひら》けてくるときがきっときますよ。

だといいのですが……。ワタシはピアノもやっていますが、ある程度《ていど》弾《ひ》けるようになるとそれで満足《まんぞく》してしまい、もっとがんばろうという気《き》にならないんです。そのへんが、お母《かあ》さんに「向上心《こうじょうしん》がない」といわれる理由《りゆう》なのかなぁ。

将棋界《しょうぎかい》のスーパースター、羽生善治《はぶよしはる》永世七冠《えいせいななかん》は、これまでだれも成《な》しえなかった大記録《だいきろく》を次々《つぎつぎ》と打《う》ち立《た》ててきましたが、そんな彼《かれ》も「まだ将棋《しょうぎ》のことがわかっていません」と語《かた》っています。また、ニュートンやアインシュタインといっ

た人類史上《じんるいしじょう》に残《のこ》る天才科学者《てんさいかがくしゃ》たちですら、「世界《せかい》のことはなにもわかっていない」といっていたんですよ。

すごいことを成《な》し遂《と》げても、なお向上心《こうじょうしん》を持《も》ち続《つづ》けていたんですね。

問《と》われるのは、取《と》り組《く》んでいることを、どれだけ好《す》きになれるかの〝熱量《ねつりょう》〟だと思《おも》います。だから、いわれなくても向上心《こうじょうしん》をかきたてられるような好《す》きなことを見《み》つけることも、豊《ゆた》かな人生《じんせい》を送《おく》るために大切《たいせつ》なことなのです。

嫌《きら》いな勉強《べんきょう》でも、好《す》きなこと、やりたいことを見《み》つけるためだと思《おも》えばやる気《き》も出《で》る。そのやる気《き》こそが、向上心《こうじょうしん》の正体《しょうたい》なんです。

齋藤流 考える ヒント！

向上心《こうじょうしん》と競争《きょうそう》を切《き》り離《はな》して考《かんが》えればラクになる！
自分《じぶん》が向上心《こうじょうしん》を持《も》てるものはなにかを考《かんが》えてみよう！

「イジメ」と「おふざけ」のちがいってなに？

ギモン
05

A

からかっているだけでイジメなんていわれたら、友《とも》だちと遊《あそ》べないよ！

B

自分《じぶん》がおふざけのつもりでも、
相手《あいて》がイヤがっているなら
それは完全《かんぜん》にイジメだよ！

実《じつ》は、クラスのあるグループで仲間《なかま》はずれが起《お》きたんです。ホームルームで話《わ》題《だい》になって、夕方《ゆうがた》になるまで帰《かえ》れませんでした……。

それは熱心《ねっしん》な先生《せんせい》ですね。そういう問題《もんだい》はできるだけ早《はや》く解決《かいけつ》しなきゃいけないから、帰《かえ》りが遅《おそ》くなったからといって文句《もんく》をいったらダメだよ。

まぁ、そうなんですけど……。でも、**仲間《なかま》はずれをした子《こ》は、「ちょっとふざけてやっただけ」というんです。イジメているつもりはなかった**みたいで……。

聞《き》いてほしいんだけど、かつて、信《しん》じられない事件《じけん》があってね。ある学校《がっこう》のクラスの子《こ》たちが、クラスメートの席《せき》に「お葬式《そうしき》」のように花《はな》を飾《かざ》ったんだ。ひどすぎるよね。ところが、やった側《がわ》は当初《とうしょ》、「葬式《そうしき》ごっこ」という「おふざけ」のつもりにすぎなかったといっていたんだ。

クラスのみんなにそんなことをされるなんて……。「自分《じぶん》は、このクラス、この学校《がっこう》にはいらない人間《にんげん》だ」と絶望《ぜつぼう》しちゃいますよ。

そう。やられた側《がわ》からすれば、とてつもないショックです。その子《こ》は「葬式《そうしき》ご

っこ」のあと、だんだんとクラスで話《はなし》をしなくなったといいます。そして、とうとう自分《じぶん》で自分《じぶん》の命《いのち》を奪《うば》ってしまったんだ。先生《せんせい》が思《おも》うのは、そのとき、ひとりでも話《はな》しかけてあげる人《ひと》がいたら、そんな悲《かな》しい結末《けつまつ》にはならなかったんじゃないかということ。いまでも「なぜ声《こえ》をかけなかったんだろう」と後悔《こうかい》しているクラスメートがいるというけど……。

そんなのいまさら手遅《ておく》れに決《き》まっているじゃないですか！

だよね。ただ、**人間《にんげん》というのはすぐに自分《じぶん》のグループをつくり、グループからだれかをはずすことで安心《あんしん》するという悲《かな》しい習性《しゅうせい》がある**んだ。大《たい》した理由《りゆう》もなくだれかを「仲間《なかま》はずれ」にして、自分《じぶん》を安全《あんぜん》な場所《ばしょ》に置《お》き、安心《あんしん》するというみっともない心《こころ》が、少《すく》なからずだれにでもある。

わかる気《き》がするけど、そんな悪《わる》い習性《しゅうせい》、みんなが意識《いしき》してあらためないと。

こうした**人間《にんげん》の悪《わる》い面《めん》を抑《おさ》える練習《れんしゅう》の場《ば》が学校《がっこう》**だと、先生《せんせい》は思《おも》います。もっといえば、学校《がっこう》は「人間《にんげん》の社会生活《しゃかいせいかつ》を学《まな》ぶべき場所《ばしょ》」だということ。そういう学《まな》

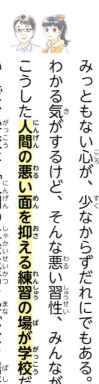

びをしないと、同《おな》じようなことを、大人《おとな》になってもやってしまいます。

えっ、オトナの世界《せかい》でもイジメってあるんですか⁉

おどろくでしょ。でも、そうなんだよね。**本当《ほんとう》に幼稚《ようち》なことだと思《おも》いますが、人間《にんげん》の本質《ほんしつ》はいくつになっても変《か》わりません**。「アイツ、無視《むし》しちゃおうぜ」みたいな感《かん》じで仲間《なかま》を誘《さそ》ったり、「あの人《ひと》にだけは大事《だいじ》なことを教《おし》えないように」というようなことが、大人《おとな》の社会《しゃかい》でもふつうに起《お》こっているんです。

人《ひと》と人《ひと》との関係《かんけい》を学校《がっこう》でしっかり学《まな》ばないと将来《しょうらい》が大変《たいへん》ですね……。

そのとおり。先生《せんせい》が小学生《しょうがくせい》のころ、仲間《なかま》はずれをしたわけではないんだけど、なんとなく学校《がっこう》にくるのがイヤになっちゃった男《おとこ》の子《こ》がいてね。彼《かれ》がなん日《にち》も学校《がっこう》に来《こ》ないから、担任《たんにん》の先生《せんせい》が「全員《ぜいいん》でその子《こ》の家《いえ》まで迎《むか》えに行《い》こう」と提《てい》案《あん》して、実際《じっさい》にみんなで行《い》ったんだ。そのために、授業《じゅぎょう》をヤメにしてね。

へぇ。それでどうなったんですか？

全員《ぜいいん》で迎《むか》えに行《い》って、「みんな、待《ま》っているよ！」といったら、次《つぎ》の日《ひ》から学《がっ》

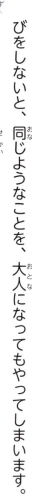

校《こう》に来《き》たんだ。その子《こ》はやがて転校《てんこう》したんだけど、ある日《ひ》、手紙《てがみ》をくれます。

「クラスのみんなが迎《むか》えに来《き》てくれたことがホントにうれしかった。そのあとドッジボールをしたよね。ホントに楽《たの》しかったよ」

担任《たんにん》の先生《せんせい》やみんなの思《おも》いやりの心《こころ》が、たしかに彼《かれ》の心《こころ》にも響《ひび》いたんだね。

いい話《はなし》ですね。

だから秋音《あきね》ちゃん。はずれている子《こ》がいたら、休《やす》み時間《じかん》、給食《きゅうしょく》、いつでもいいからなにか声《こえ》をかけてみて。相手《あいて》の気持《きも》ちをそっと聞《き》いてみて。**そのひと声《こえ》が、「いじめ」と「おふざけ」のあいだにある〝誤解《ごかい》〟をなくす第一歩《だいいっぽ》になる**んです。

齋藤流 考えるヒント！

イジメはやられている人《ひと》の気持《きも》ちが第一《だいいち》！
気《き》になる人《ひと》がいたら必《かなら》ずひと声《こえ》かけてあげよう！

自分《じぶん》がイジメられたら、親《おや》や先生《せんせい》に伝《つた》えるべき？

ギモン
▼
06

A

イジメにあっているなんて、
だれかにいうのは恥《は》ずかしいし、
バレたら仕返《しかえ》しもこわいよ……。

B

自分《じぶん》がされたら絶対《ぜったい》に
ひとりでは解決《かいけつ》できないから、
先生《せんせい》や親《おや》にまず相談《そうだん》するよ！

秋音《あきね》ちゃんからイジメの話《はなし》を聞《き》きましたよね。イジメは絶対《ぜったい》によくありません。ただ、自分《じぶん》があったらどうしようってちょっと心配《しんぱい》です。

冬斗《ふゆと》くんの気持《きも》ちはわかるな。たいてい、相手《あいて》がひとりじゃないし、周《まわ》りから次第《しだい》に孤立《こりつ》して追《お》いつめられてしまうのが、イジメのこわさなんだよね。

うーん、たしかに。もし実際《じっさい》にイジメられたら、どうしたらいいのでしょう？

まず、先生《せんせい》や親《おや》に伝《つた》えるというのが大事《だいじ》だと思《おも》う。先生《せんせい》だって気《き》づいていないこともあるからね。実《じつ》は、ちゃんと話《はなし》をすれば手《て》を打《う》ってくれる先生《せんせい》は少《すく》なくないんだ。もし手《て》を打《う》ってくれないようだったら、親《おや》や校長先生《こうちょうせんせい》を通《つう》じて教育《きょういく》委員会《いいんかい》にいってもいい。とにかく、自分《じぶん》ひとりで悩《なや》むのではなく、味方《みかた》になってくれる大人《おとな》に早《はや》く相談《そうだん》することが重要《じゅうよう》です。

ただ、いいつけろといわれても、その仕返《しかえ》しがこわいんですよ。

さすがに、大人《おとな》にたて突《つ》いてまで仕返《しかえ》しをしてくる子《こ》はあまりいないよ。そうそう、クラス替《が》えのときに「いじめた子《こ》とちがうクラスにしてほしい」と伝《つた》え

たら、ちがうクラスにしてくれるんだ。

そうなんですか。ただ、なかなか周《まわ》りにいえないのは、そもそもイジメにあっていることを明《あ》かすのを、カッコ悪《わる》いと思《おも》うからかもしれません。

それはあるでしょうね。イジメのことを親《おや》に話《はな》すと心配《しんぱい》、迷惑《めいわく》をかけると思《おも》っている子《こ》も多《おお》い。でも、親《おや》だったら「ひとりで苦《くる》しむくらいなら相談《そうだん》して！」って思《おも》うはず。だから、とにかく親《おや》にいう、先生《せんせい》にいう。そうすれば、たいていの大人《おとな》は動《うご》いてくれるはずだよ。

それにしても、こういうニュースは多《おお》いですよね。イジメのない社会《しゃかい》をつくることはムリなのかな。

人《ひと》は自分《じぶん》よりも弱《よわ》い存在《そんざい》を攻撃《こうげき》してよろこぶ、やっかいなところがあるんだけど、だからといってあきらめていいわけないよね。まずは一人《ひとり》ひとりが「いじめをなくそう」と強《つよ》く心《こころ》に決《き》めて努力《どりょく》する。それが大事《だいじ》です。

具体的《ぐたいてき》には、どういうことをすればいいのでしょうか。

実《じつ》は、**イジメのポイントは「傍観者《ぼうかんしゃ》」の存在《そんざい》**です。

あー、ボウカンシャね……、って「ボウカンシャ」ってなんですか？

傍観者《ぼうかんしゃ》というのは、「知《し》っているんだけど、周《まわ》りでただ見《み》ている人《ひと》」のこと。その人《ひと》たちが、「当事者《とうじしゃ》」になることが大事《だいじ》なんですよ。当事者《とうじしゃ》とは、いわば事件《じけん》や出来事《できごと》に直接関係《ちょくせつかんけい》する人《ひと》のことです。イジメられている当人《とうにん》は当然《とうぜん》、なにもできません。そして、クラスメートも見《み》て見《み》ぬふりをしてしまいがちです。だから、イジメがなかなか終《お》わらない……。

ただ、当事者《とうじしゃ》となってイジメをやめさせるのも、なかなかむずかしそうです。

傍観者《ぼうかんしゃ》が「傍観《ぼうかん》する」ことをやめようといっても、なにもイジメっ子《こ》をやっつけろ、なんてことではないんだ。さっきもいったように、先生《せんせい》など大人《おとな》に伝《つた》えるだけで十分《じゅうぶん》。これが、傍観者《ぼうかんしゃ》が「当事者《とうじしゃ》」になるということなのです。

ただ、学校側《がっこうがわ》も「イジメは知《し》りませんでした」なんて、よくいいますよね。

結局《けっきょく》、学校《がっこう》もクラスの人《ひと》も、みんなが傍観者《ぼうかんしゃ》になっているということ。いまの

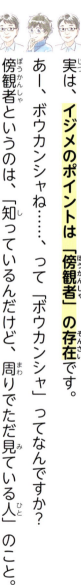

齋藤流
考えるヒント！

時代《じだい》は「いじめホットライン」などもあるのだから、そういうところに連絡《れんらく》してもいい。とにかく、**周囲《しゅうい》が“当事者意識《とうじしゃいしき》”を持《も》って行動《こうどう》するのが大事《だいじ》**です。自分《じぶん》はもちろん、友《とも》だちがこの世《よ》からいなくなっちゃうなんて考《かんが》えたくもない。そう、「いのちは尊《とうと》いもの」と感《かん》じてほしい。だれのいのちも多《おお》くの奇跡《きせき》の結果《けっか》なわけで、それをイジメごときで失《うしな》うなんてもったいないよ。ツラい時期《じき》があっても、やがてクラス替《が》えや進学《しんがく》があるのだから、とにかく周《まわ》りに助《たす》けをお願《ねが》いする。それが**むずかしければ、逃《に》げたっていい。そこを乗《の》り切《き》れば、ツラい時期《じき》よりはるかに楽《たの》しい人生《じんせい》が、必《かなら》ず待《ま》っている**のですから。

イジメをなくすには、みんなで「傍観者《ぼうかんしゃ》→当事者《とうじしゃ》」作戦《さくせん》だ！ピンチの場合《ばあい》、自分最優先《じぶんさいゆうせん》ですぐに先生《せんせい》や親《おや》に相談《そうだん》しよう！

友《とも》だちを守《まも》るためなら、ウソをついてもいい？

A

「ウソつきはドロボーの始《はじ》まり」って学校《がっこう》で習《なら》ったとおり、どんな場合《ばあい》でもウソはアウト！

B

なんでも正直《しょうじき》になんてムリ！
他人《たにん》を傷《きず》つけなければ、
ウソをつくのだってアリだよ！

お母《かあ》さんから「正直《しょうじき》がいちばん」とよくいわれるけど、お母《かあ》さんだって、こないだウソをつきましたよ。「夏樹《なつき》くんも、ちゃんと勉強《べんきょう》してるよ！」っていうんだけど、彼《かれ》に聞《き》いたら、「全然勉強《ぜんぜんべんきょう》なんてしていないよ」っていってたし。

「ウソも方便《ほうべん》」という言葉《ことば》を知《し》っているかな。「方便《ほうべん》」は「都合《つごう》のいい手段《しゅだん》」というような意味《いみ》で、ウソもときには許《ゆる》されるということ。この場合《ばあい》のお母《かあ》さんの「ウソ」は、「方便《ほうべん》」でしょうね。春実《はるみ》ちゃんにやる気《き》を出《だ》してほしいから、あえて「ウソ」をいったんでしょう。

えー、それはずるい。

まあまあ。もちろん、できるだけウソはつかないほうがいい。でも、こういう場合《ばあい》はどうだろう。「あの人《ひと》、私《わたし》のことをどういってた？」って友《とも》だちから聞《き》かれた。実《じつ》は悪口《わるぐち》をいっていたんだけど、キミならどう答《こた》える？

うーん、やっぱり正直《しょうじき》にはいいにくいから、気《き》をつかって「べつになにもいってなかったけど」って答《こた》えるかな。あ、でも、これってウソですね。

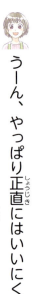

そう、ウソになりますね。これを正直《しょうじき》に「あなたのことを、性格《せいかく》が〝天然《てんねん》〟だから嫌《きら》いだっていっていたよ」と伝《つた》えるとどうだろう。ウソをついてはいないけれど、聞《き》いた人《ひと》は気分《きぶん》を悪《わる》くするよね。
だから、この場合《ばあい》は、キミのように「やさしいウソ」をつくのもよしとされる。
世《よ》の中《なか》には、そういうこともあるんですよ。

まさに「ウソも方便《ほうべん》」ということですね。

そういうこと。**ウソを絶対《ぜったい》にいわないことよりも、みんなとうまくやっていくことを優先《ゆうせん》した、だれも傷《きず》つかないうまいウソはときにOKとなる**わけです。

なんとなくわかりますが、いいウソと悪《わる》いウソの区別《くべつ》がむずかしそう。

たしかに、いいウソは状況次第《じょうきょうしだい》で変《か》わってくるからなぁ。でも、悪《わる》いウソはわかるでしょ？

バレたら人《ひと》にしかられたり、罪《つみ》になるウソかな。

そのとおり。人《ひと》に迷惑《めいわく》をかけたりするようなウソは、やっぱりよくないよね。

いまの時代《じだい》、週刊誌《しゅうかんし》の報道《ほうどう》などがすぐ大騒《おおさわ》ぎになるように、とにかく、昔《むかし》に比《くら》べてウソが格段《かくだん》にバレやすい。SNSやメールなど、いろんなところに記録《きろく》が残《のこ》っているから、その気《き》になれば証拠《しょうこ》はすぐに探《さが》せる。

そういう時代《じだい》だから、あとでバレるようなウソをつくより、最初《さいしょ》から素直《すなお》に全部《ぜんぶ》を明《あき》らかにするほうが結果的《けっかてき》にいい場合《ばあい》が多《おお》いんです。

「正直者《しょうじきもの》がバカを見《み》る」ということは、少《すく》なくなっているんですね。

そう。その言葉《ことば》、よく知《し》っていたね。

ワタシは自分《じぶん》が不利《ふり》になることもペラペラしゃべっちゃうから、友《とも》だちにいわれたんです。「春実《はるみ》のような正直者《しょうじきもの》はバカを見《み》る」って。

たとえば、友《とも》だちの秘密《ひみつ》を聞《き》かれて、答《こた》えたくないけれど、なにかいわないかぎり聞《き》かれ続《つづ》けるといった場合《ばあい》、「知《し》らない」「わからない」でかわすのもひとつの手《て》です。これも、〝だれも傷《きず》つけないウソ〟の一種《いっしゅ》といえるでしょう。

マズイと思《おも》ったら、ときには「知《し》らないふり」もアリってことかぁ。

ただ、いずれにしても**「だれも傷《きず》つかないウソをつく」の大前提《だいぜんてい》として、まず「道義心《どうぎしん》」を大事《だいじ》にしないといけない。**道義心《どうぎしん》というのは、人《ひと》が守《まも》るべき道《みち》、つまりルール、約束事《やくそくごと》に対《たい》してまっすぐ、正直《しょうじき》な心《こころ》のことです。

たとえば万引《まんび》きを目撃《もくげき》したら、お店《みせ》の人《ひと》が困《こま》っているんだから、黙《だま》っていないできちんと本当《ほんとう》のことをいう。正《ただ》しいと信《しん》じたことに対《たい》しては、ソントクなど考《かんが》えず、正直《しょうじき》な気持《きも》ちを前面《ぜんめん》に出《だ》さなければいけない。

ただ、正直《しょうじき》な行《おこな》いを見《み》てくれている人《ひと》は必《かなら》ずいます。だから、**「本当《ほんとう》に守《まも》るべきものはなんなのか」を意識《いしき》して、常《つね》に正直《しょうじき》さを忘《わす》れない**でいてほしいな。

ときには人《ひと》を傷《きず》つけない「ウソも方便《ほうべん》」もアリ！
ただし「道義心《どうぎしん》」を守《まも》っているのが大前提《だいぜんてい》！

正義《せいぎ》の味方《みかた》の「正義《せいぎ》」って、いったいなんだろう？

ギモン 08

A

「正義《せいぎ》は勝《か》つ！」っていうとおり、自分《じぶん》が信《しん》じている正《ただ》しさは、どんなときも曲《ま》げてはいけない！

悪いことするヤツは全員ぶっ飛ばしてやる！
だって、それって「正しい」ことだもん！

B

正義《せいぎ》なんて人それぞれ。
それを押《お》しつけられても、
まったくのいい迷惑《めいわく》だよ！

先生《せんせい》、ボクは「正義《せいぎ》の味方《みかた》」とか「ヒーロー」が大好《だいす》きなんですよ。で、本気《ほんき》で学校《がっこう》から「仲間《なかま》はずれ」がなくなるよう、真剣《しんけん》に取《と》り組《く》みを始《はじ》めたんです。これは正義《せいぎ》ですよね？

「正義《せいぎ》」というのは、なにに照《て》らしても正《ただ》しいということ。学校《がっこう》から仲間《なかま》はずれがなくなるのは、だれにとってもいいことですから、これはもちろん正義《せいぎ》ですよ。で、夏樹《なつき》くんは具体的《ぐたいてき》になにをしているの？

いまボクがやっているのが、「休《やす》み時間《じかん》と放課後《ほうかご》は必《かなら》ずクラス全員《ぜんいん》で遊《あそ》ぼう運動《うんどう》」です。これだったら仲間《なかま》はずれは出《で》ませんよね？

まぁ、たしかに出《で》ないといえば出《で》ないけど、ムリムリみんなでいつもいっしょっていうのもなぁ……。どこからか、文句《もんく》とか不満《ふまん》は出《で》ていないの？

それがあったんです。ちがうクラスの子《こ》にも、このやり方《かた》をすすめたんですよ。そしたら、そいつが「そんなの強制《きょうせい》してもムダムダ。バカらしい。うちはやんないよ」っていってきて。そのときは時間《じかん》がなかったんで、そのまま別《わか》れまし

たが、次《つぎ》に会《あ》ったら「バカらしいとはなんだ。オレのほうが正《ただ》しいだろ。仲間《なかま》はずれを認《みと》めるのか」って、1発《ぱつ》ポカリとやってやろうと思《おも》っているんです。

ちょっと待《ま》って。それはやりすぎだよ。

だって、こっちは学校《がっこう》をよくしようとしているのに、向《む》こうが一方的《いっぽうてき》にバカにしてきたんですよ！

たしかに、その子《こ》も言葉《ことば》にもう少《すこ》し気《き》を使《つか》うべきだったかもしれない。ただ、それを理由《りゆう》に**キミがその子《こ》をポカリとやった時点《じてん》で、「仲間《なかま》はずれをなくそう運動《うんどう》」はまったく正義《せいぎ》ではなくなっちゃうよ。**最初《さいしょ》はたしかに正義《せいぎ》だったかもしれないけど、手《て》を出《だ》した瞬間《しゅんかん》に、相手《あいて》も「正《ただ》しい」ことになる。

なんでなんですか？　とくに相手《あいて》が正《ただ》しいという点《てん》は納得《なっとく》できません！

戦争《せんそう》を例《れい》に考《かんが》えてみよう。たいていの戦争《せんそう》は、「自分《じぶん》たちが正《ただ》しい！」「いや、われわれのほうこそ正義《せいぎ》だ!!」というぶつかり合《あ》いから始《はじ》まるんだ。

ふだんなら、夏樹《なつき》くんもバカにされたくらいで手《て》は出《だ》さないだろう。でも、そのときは、「正義心《せいぎしん》」に燃《も》えていた。だから次《つぎ》に会《あ》ったらポカリと思《おも》った。

たしかに、そのときは、というか、いまでも自分《じぶん》が正義《せいぎ》だと信《しん》じています！

ところが、当然《とうぜん》なにもしていない相手《あいて》に、先《さき》に手《て》を出《だ》すというのは、なにに照《て》らしても正《ただ》しいことではないから、正義《せいぎ》でもなんでもなくなる……。

うーん。まぁ、そういわれればそうですね。

正義《せいぎ》が自分《じぶん》のところにあるということは、相手《あいて》は正義《せいぎ》ではないということになる。そうすると、相手《あいて》をやっつけてもいいんだとなってしまう。今回《こんかい》は、ポカリとやる前《まえ》だったからよかったけど、もし、**おたがいに自分《じぶん》の正義《せいぎ》を主張《しゅちょう》して「相手《あいて》をやっつけろ」となったら、まさに戦争《せんそう》のように泥沼《どろぬま》**です。

なるほど。ボクがいくら「自分《じぶん》は正《ただ》しい」といったところで、ポカリとやってしまったら、「相手《あいて》こそ正《ただ》しい」となってしまうわけですね。

戦争《せんそう》もそうですが、自分《じぶん》が正義《せいぎ》だと信《しん》じきると、相手《あいて》に対《たい》する攻撃《こうげき》が止《と》まらなくなるということが、あまりにもよくあります。それがこわいところです。

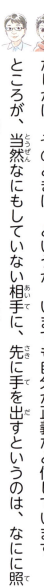

自分《じぶん》の正義《せいぎ》を信《しん》じすぎるのは危険《きけん》だということですね。では、そうならないために、どんなことを心《こころ》がければいいのでしょうか？

正義心《せいぎしん》に燃《も》えているときこそ、ちょっと立《た》ち止《ど》まって〝正義《せいぎ》〟なのか〝思《おも》い込《こ》み〟にすぎないのか、見《み》つめ直《なお》すクセをつけるといいのではないでしょうか。

なにが本当《ほんとう》に正《ただ》しいのか。ひとつの見方《みかた》から判断《はんだん》するのではなく、さまざまな角度《かくど》から考《かんが》えてみる。あるいは自分《じぶん》が思《おも》う「正義《せいぎ》」が、はたして本当《ほんとう》にそうなのか疑《うたが》ってみる。そのように、**じっくり考《かんが》えてから結論《けつろん》を出《だ》すという〝フェアな精神《せいしん》〟を持《も》つことこそが大事《だいじ》**だと思《おも》います。

齋藤流 考えるヒント！

**自分《じぶん》の「正義《せいぎ》」を信《しん》じ込《こ》みすぎるのは危険《きけん》！
本当《ほんとう》に正《ただ》しいのか、べつの角度《かくど》からも考《かんが》えてみよう！**

ギモン 09

ホントにどんな場合《ばあい》も、暴力《ぼうりょく》は絶対《ぜったい》にダメなの？

A

ときにはおしおきもアリ。悪《わる》いことをしたヤツ相手《あいて》なら、多少《たしょう》はしかたないでしょう！

B

人《ひと》を傷《きず》つけてしまうんだから、
どんな理由《りゆう》があっても
暴力《ぼうりょく》は絶対《ぜったい》にいけないよ！

先生《せんせい》、あのあと、例《れい》のちがうクラスの子《こ》ときちんと話《はな》したところ、それぞれのやり方《かた》で「仲間《なかま》はずれ」をなくしていこうとなりました。しかも、おたがい気《き》が合《あ》って、結局友《けっきょくとも》だちになっちゃったんですよ。先生《せんせい》のいうことを聞《き》いておいてホントよかったです。ただ、ひとつ質問《しつもん》が。暴力《ぼうりょく》が正義《せいぎ》じゃないのはわかりましたが、では、ホントにどんなときも暴力《ぼうりょく》はダメなのでしょうか？

なるほど。実《じつ》は教育現場《きょういくげんば》での暴力《ぼうりょく》について学生《がくせい》に聞《き》いたことありますが、意外《いがい》にも半分以上《はんぶんいじょう》の人《ひと》が、「場合《ばあい》によっては許《ゆる》される」と答《こた》えたんです。

へぇ。みなさん、よほどなぐりたくなることでもあったのかな。

コラコラ（笑）。いや、「愛《あい》のムチ」という言葉《ことば》があるように、そういう行為《こうい》も含《ふく》めて教育《きょういく》だと考《かんが》えていたのかもしれませんね。たしかに昔《むかし》は、体罰《たいばつ》がありました。ビンタをするなんてこともあったんだ。でも、いまは時代《じだい》がちがいますから、実際問題《じっさいもんだい》、どんな場合《ばあい》でも暴力《ぼうりょく》は許《ゆる》されません。

昔《むかし》はなぜ、ビンタもOKだったのでしょうか？

うーん。まぁ、昔《むかし》は乱暴《らんぼう》な時代《じだい》だったからねぇ。いまなら全部《ぜんぶ》アウト。そうした行為《こうい》はすべて、やってはいけない「体罰《たいばつ》」ですからね。

先生《せんせい》が生徒《せいと》に手《て》を上《あ》げるのはよくないということはわかりましたが、では、子《こ》ども同士《どうし》だとどうなんでしょう?

実《じつ》は子《こ》ども同士《どうし》のケンカも、以前《いぜん》より厳《きび》しく見《み》られていますね。昔《むかし》は、「ケンカをしながら大《おお》きくなった」なんてよくいったものですが。

ボクも最近《さいきん》、妹《いもうと》とよく口《くち》ゲンカをしてるから大《おお》きくなれそうです!

それはちょっとちがうかな(笑)。でも、暴力《ぼうりょく》に対《たい》して「絶対《ぜったい》によくないこと」という方向《ほうこう》に日本《にほん》の社会《しゃかい》、いや世界中《せかいじゅう》が傾《かたむ》いてきた。だから、**手《て》を出《だ》すのではなくて言葉《ことば》で解決《かいけつ》することを目標《もくひょう》にするべきです。それができるようになることが、大《おお》きな話《はなし》かもしれないけれど「文明《ぶんめい》」**というものだからね。

いやぁ先生《せんせい》、あらためてアドバイスありがとうございました。おかげさまで、ボクはいち早《はや》く「文明人《ぶんめいじん》」になれましたよ。

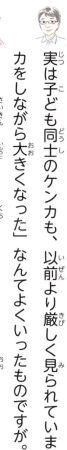

ハハハ。ちなみに、夏樹《なつき》くんの大先輩《だいせんぱい》の「文明人《ぶんめいじん》」が、インドの政治家《せいじか》、マハトマ・ガンジーですね。いまから100年《ねん》ほど前《まえ》、まだイギリスがインドを支配《しはい》していたころ、彼《かれ》は独立運動《どくりつうんどう》を起《お》こしましたが、その**特徴《とくちょう》は一切暴力《いっさいぼうりょく》を使《つか》わない一方《いっぽう》、服従《ふくじゅう》もしないこと。そうした「非暴力不服従運動《ひぼうりょくふふくじゅううんどう》」**は世界中《せかいじゅう》から支持《しじ》されました。もしガンジーたちが、イギリス側《がわ》の暴力《ぼうりょく》による弾圧《だんあつ》に対《たい》し同《おな》じく暴力《ぼうりょく》で対抗《たいこう》していたら、ここまで高《たか》く評価《ひょうか》はされなかったはずです。

それにしても、ガンジーはなぜ暴力《ぼうりょく》を徹底《てってい》して禁《きん》じたのでしょうか?

それはですね、**暴力《ぼうりょく》が暴力《ぼうりょく》を生《う》む「暴力《ぼうりょく》の連鎖《れんさ》」がひとたび始《はじ》まると、非常《ひじょう》に止《と》めづらいことを知《し》っていたから**でしょう。暴力《ぼうりょく》の連鎖《れんさ》は、いちばんはじめの段階《だんかい》で防《ふせ》がないといけないから、ガンジーは非暴力《ひぼうりょく》を貫《つらぬ》いたんですね。

わかります! 以前《いぜん》、友《とも》だちとのケンカのあと、「あそこで先《さき》に手《て》を出《だ》さなきゃよかったなぁ」って後悔《こうかい》したことがありますから。

つい手《て》が出《で》ちゃいそうなときがあっても、そこでグッとこらえる。この**自分《じぶん》を**

抑《おさ》える心《こころ》、「自制心《じせいしん》」を持《も》つことが大切《たいせつ》です。これは、大人《おとな》になったときの訓《くん》練《れん》にもなるんですよ。大人《おとな》のケンカは力《ちから》も強《つよ》いし、痛《いた》みや失《うしな》うものも大《おお》きい。だから、いまのうちから自制心《じせいしん》を意識《いしき》する練習《れんしゅう》をしたほうがいいのです。

すぐに手《て》を上《あ》げてくる子《こ》もいるけど、その場合《ばあい》はどうしたらいいですか。

結局《けっきょく》、ケンカをしてもだれもトクをしないから、まずは「**逃《に》げるが勝《か》ち**」。逆《ぎゃく》に、「売《う》られたケンカは絶対《ぜったい》に買《か》うぜ」というエネルギーがあるのなら、それをべつのところ……たとえばスポーツで発揮《はっき》すればいい。ケンカばかりの悪《わる》い子《こ》がスポーツで立《た》ち直《なお》ったなんていうのも、よくある話《はなし》ですからね。

齋藤流 考える ヒント！

日本《にほん》のみならず世界的《せかいてき》にも暴力《ぼうりょく》は許《ゆる》されない時代《じだい》！
暴力《ぼうりょく》の連鎖《れんさ》を生《う》まないためにも、自制心《じせいしん》をきたえよう！

なぜ物事《ものごと》を決《き》めるのに、話《はな》し合《あ》わなければいけないの？

ギモン 10

A

いろんな意見《いけん》を出《だ》し合《あ》って、比《くら》べたりねり直《なお》したほうがよりよいアイデアが生《う》まれる！

B

意見《いけん》なんて人《ひと》それぞれで、どうせかみ合《あ》わないんだから話《はな》し合《あ》いなんて時間《じかん》のムダ。

先生《せんせい》、長《なが》くなりますが聞《き》いてください。今日《きょう》のホームルームで、友《とも》だちのお父《とう》さんがコンニャクづくりの名人《めいじん》だからということで、クラスのみんなで習《なら》ってコンニャクをつくろうということになったんです。ところが、「コンニャクをつくるのは賛成《さんせい》だけど、それを名人《めいじん》に教《おし》えてもらうのはインチキじゃないか。自分《じぶん》たちでイチからやるべきだ」という意見《いけん》が出《で》て、そこから話《はなし》がおかしくなり、なんと結局《けっきょく》、結論《けつろん》に至《いた》らず、また明《あ》日話《すはな》し合《あ》うことになったんです。この1時間《じかん》ってなんの意味《いみ》もないですよね！

よく一気《いっき》に話《はな》せたね。深呼吸《しんこきゅう》してちょっと落《お》ち着《つ》こう。先生《せんせい》も小学生《しょうがくせい》のころ、ホームルームでいろいろと議論《ぎろん》をしたけど、いま思《おも》えば、意味《いみ》のない話《はな》し合《あ》いもあったかもね。ただ、秋音《あきね》ちゃんのクラスのようなグチャグチャした展開《てんかい》は記憶《きおく》にないなぁ。

やっぱり、意味《いみ》ないですよね。もう、どうでもいいんですけど！

まあまあ。**意味《いみ》のない話《はな》し合《あ》いもたしかにあるけど、それでも話《はな》し合《あ》ったほう**

がいいと先生《せんせい》は思《おも》いますよ。なぜなら、いろんな意見《いけん》を出《だ》し合《あ》ってはじめて、よりよいアイデアを生《う》み出《だ》すことができるから。ほかの人《ひと》の意見《いけん》を聞《き》いて、自《じ》分《ぶん》の考《かんが》えのまちがいや弱点《じゃくてん》に「ハッ」と気《き》づかされることはよくあります。

人《ひと》の話《はなし》を聞《き》いて、自分《じぶん》の意見《いけん》を変《か》えたっていいんですね。

大人《おとな》でもカン違《ちが》いしている人《ひと》がけっこういますが、**話《はな》し合《あ》いの目標《もくひょう》はよりよい結論《けつろん》にたどりつくことであって、意見《いけん》の勝《か》ち負《ま》けではありません。**自分《じぶん》だけだとどうしても視野《しや》が狭《せま》くなりがちだけど、その幅《はば》を広《ひろ》げてくれるのが話《はな》し合《あ》いをする意義《いぎ》だし、いい面《めん》なんですよね。2500年《ねん》ほど前《まえ》、**古代《こだい》ギリシャの哲《てつ》学者《がくしゃ》、ソクラテスも若者《わかもの》に「気《き》づきが大事《だいじ》なんだよ」とさとしています。**

ワタシが意見《いけん》を変《か》えてもいいかと聞《き》いたのは、テレビの討論番組《とうろんばんぐみ》で、出演者《しゅつえんしゃ》たちが最後《さいご》まで意見《いけん》をまったく変《か》えないのを見《み》たから。あれが正《ただ》しいのかと。

うーん。ああいうテレビの討論《とうろん》は、理想的《りそうてき》な話《はな》し合《あ》いとはとてもいえない気《き》がします。みんなが自分《じぶん》のいいたいことだけを主張《しゅちょう》して、他人《たにん》の意見《いけん》に耳《みみ》を傾《かたむ》け

ない。当然《とうぜん》、最初《さいしょ》から最後《さいご》まで議論《ぎろん》がかみ合《あ》わないまま。これじゃあ、なんのために話《はな》し合《あ》いをしているのか、さっぱりわかりません。

そうならないよう、なにかいい練習方法《れんしゅうほうほう》はあるのでしょうか？

おもしろいのは、**ひとつのテーマについて、賛成《さんせい》、反対《はんたい》の両方《りょうほう》の立場《たちば》から話《はな》し合《あ》うこと**ですね。自分《じぶん》がそのテーマについてどう思《おも》っているかは関係《かんけい》なく、賛成《さんせい》の立場《たちば》になったら賛成《さんせい》の理由《りゆう》を、反対《はんたい》の立場《たちば》なら反対理由《はんたいりゆう》を筋道立《すじみちた》ててきちんと説明《せつめい》していく。実際《じっさい》に私《わたし》の大学《だいがく》の教《おし》え子《ご》がやったときは、ふたり一組《ひとくみ》の賛成《さんせい》チームと反対《はんたい》チームに分《わ》け、決《き》められたテーマについてそれぞれ3分間討論《ぷんかんとうろん》。それから立場《たちば》を交代《こうたい》してまた3分間《ぷんかん》、討論《とうろん》したのです。

やるほうもそうだけど、聞《き》いているほうも頭《あたま》がこんがらがりそう！

ところが、やるのはもちろん、聞《き》くだけでもおもしろいんだ。さっきまで「こうだから賛成《さんせい》だ」といっていた人《ひと》が、次《つぎ》の3分間《ぷんかん》ではまるっきり逆《ぎゃく》のことを語《かた》るわけですからね。こうした議論《ぎろん》の訓練《くんれん》を「ディベート」といいます。

そして最後《さいご》に、そうやって議論《ぎろん》をしたことを踏《ふ》まえて、バランスのいい意見《いけん》はどういうものなのか、アイデアを出《だ》し合《あ》ったんです。

おもしろそうですね。短時間《たんじかん》で賛成《さんせい》、反対《はんたい》の両方《りょうほう》の立場《たちば》での言《い》い分《ぶん》を考《かんが》えなければいけないから、頭《あたま》のなかもやわらかくなりそう。

そう。こうすることで、自分《じぶん》のなかにも新《あたら》しい意見《いけん》が芽生《めば》えることもあるでしょ。**男《おとこ》の子《こ》が女《おんな》の子《こ》の立場《たちば》で物事《ものごと》を考《かんが》えたり、若者《わかもの》が高齢者《こうれいしゃ》の立場《たちば》で世《よ》の中《なか》について考《かんが》えたりすると、発想《はっそう》に幅《はば》が出《で》ます**。こうした訓練《くんれん》を通《つう》じて、いろんな気《き》づきがえられるはず。こんにゃくのつくり方《かた》についても、ね（笑）。

齋藤流 考えるヒント！

話《はな》し合《あ》いで大事《だいじ》なのは、新《あたら》しい気《き》づきに出会《であ》うこと！ 柔軟《じゅうなん》に考《かんが》える力《ちから》をディベートの訓練《くんれん》で身《み》につけよう！

ギモン 11

相手《あいて》のダメなところは、きちんと指摘《してき》すべき？

A

短所《たんしょ》はほかの人《ひと》に迷惑《めいわく》。本人《ほんにん》のためにも指摘《してき》して直《なお》してもらうほうがいい！

B

他人《たにん》からダメなところを
ガツンといわれたらイヤだし、
そもそも「短所《たんしょ》」の定義《ていぎ》ってなんなの？

毎回《まいかい》、約束《やくそく》の時間《じかん》に遅《おく》れてくる時間《じかん》にルーズな友《とも》だちがいて。まぁ、ネタばらしすると夏樹《なつき》くんなんですけど。ただ「直《なお》してよ」とはいいにくいんですね。そこでいい合《あ》いになると、せっかくの遊《あそ》びが台無《だいな》しになっちゃいますから。

短所《たんしょ》を指摘《してき》するにしても、いい方《かた》というのがあると思《おも》います。たとえば、「オマエさ、その遅刻《ちこく》グセをなんとかしろよ。じゃなきゃ絶交《ぜっこう》だ」なんていうと、その指摘《してき》が正《ただ》しくてもいわれたほうは気分《きぶん》がよくありません。

ワタシならカッとなって「なら絶交《ぜっこう》でどうぞ」っていっちゃいそう。

アハハ。秋音《あきね》ちゃんのみならず、だれだって短所《たんしょ》を指摘《してき》されたらイヤな気分《きぶん》になるから、いい方《かた》が重要《じゅうよう》です。たとえば、「ワタシは友《とも》だちだから待《ま》てるけど、あまり親《した》しくない人《ひと》は待《ま》てないだろうから、もう少《すこ》し家《いえ》を早《はや》く出《で》たほうがいいと思《おも》うな」とかね。

先生《せんせい》、さすが。そんなふうにやんわりというのはいいですね。

「いつもアナタが遅刻《ちこく》しても怒《おこ》らないんだから、ワタシが遅《おく》れてきても怒《おこ》らな

いでよ」というのもいいかもしれませんね。こんなふうに、**いい方《かた》の工夫《くふう》ひとつによって、相手《あいて》にあたえる印象《いんしょう》はガラリと変《か》わる**ものですからね。

まさに「**親《した》しき仲《なか》にも礼儀《れいぎ》あり**」ということですね。

そう、まさにそのとおり。先生《せんせい》も学生時代《がくせいじだい》に、意見《いけん》がぶつかった友《とも》だちにガツンといってしまったところ、それ以来《いらい》つき合《あ》いがなくなってしまった経験《けいけん》があるんですね。「もっといい方《かた》があったよな」と、いまでも思《おも》います。

短所《たんしょ》を指摘《してき》されたところで、直《なお》せないものもありますしね。

そもそも、短所《たんしょ》ってなんなんだろう。もちろん、人《ひと》に迷惑《めいわく》がかかるクセは短所《たんしょ》ということになるんでしょうけど、たとえば神経質《しんけいしつ》であるとか、おカネに細《こま》かいといったことは、１００％「短所《たんしょ》」とはいえないかもしれません。

うーん、たしかに。ワタシのお母《かあ》さんは潔癖症《けっぺきしょう》で「うるさいな」と思《おも》うこともあるんですが、だからこそ家《いえ》のなかがいつもキレイなんですよね。

角度《かくど》を変《か》えてみれば、短所《たんしょ》も長所《ちょうしょ》に見《み》えてきます。あるいは、短所《たんしょ》も突《つ》きつめ

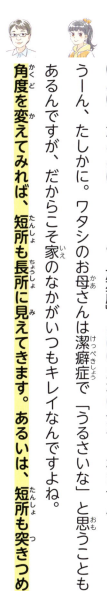

てしまうと長所《ちょうしょ》になる場合《ばあい》もある。たとえば、男性《だんせい》に対《たい》して「オトコのくせによくしゃべるな」と批判的《ひはんてき》にいうように、「おしゃべり」を短所《たんしょ》だととらえる人《ひと》がいます。しかし、**明石家《あかしや》さんまさんのように、おしゃべりを「ワザ」にしてしまえば、だれも短所《たんしょ》だとはいわない**でしょう。

「短所《たんしょ》＝個性《こせい》」だともいえるわけですね。

そう。**長所《ちょうしょ》と短所《たんしょ》は「表裏一体《ひょうりいったい》」**なのです。表裏一体《ひょうりいったい》とは、正反対《せいはんたい》のようで本《ほん》当《とう》は同《おな》じということ。たとえば世界的《せかいてき》な発明王《はつめいおう》エジソンは、耳《みみ》が不自由《ふじゆう》でした。でも彼《かれ》は、これを短所《たんしょ》だとか不幸《ふこう》だとは思《おも》っていません。むしろ音《おと》が聞《き》こえない分《ぶん》、読書《どくしょ》に集中《しゅうちゅう》できてよかったと、前向《まえむ》きにとらえていたんです。

ある意味《いみ》、逆転《ぎゃくてん》の発想《はっそう》、あるいは超《ちょう》ポジティブシンキングという気《き》もします。

そうだね。また、友《とも》だちがいないことが、短所《たんしょ》の最《さい》たるもののようにいわれることも多《おお》いですよね。しかし、「友人《ゆうじん》がいないから、自分《じぶん》の時間《じかん》を全部《ぜんぶ》研究《けんきゅう》につぎ込《こ》める。だから、自分《じぶん》はすごく幸《しあわ》せだ」と語《かた》った学者《がくしゃ》もいました。つまり、

他人《たにん》から見《み》たら短所《たんしょ》でも、自分《じぶん》にとっては長所《ちょうしょ》になりえるのです。

そっか。よかれと思《おも》ってやったアドバイスが、余計《よけい》なお世話《せわ》になることもあるんですね。となると、短所《たんしょ》の意味《いみ》も考《かんが》え直《なお》さないと。

「一事《いちじ》が万事《ばんじ》」という言葉《ことば》があって、ひとつダメなら全部《ぜんぶ》ダメということを指《さ》すんだけど、ボクはやっぱり「**一事《いちじ》は一事《いちじ》**」にすぎないと思《おも》うんですよね。**ひとつがダメだからといって、全部《ぜんぶ》をダメだと決《き》めつけずに、短所《たんしょ》の中身《なかみ》をきちんと見《み》る**。そのうえで、うまいアドバイスがあれば、いい方《かた》を考《かんが》えつつ指摘《してき》してあげればいいんじゃないのかな、と思《おも》います。

齋藤流 考えるヒント！

短所《たんしょ》は考《かんが》え方《かた》や行動《こうどう》次第《しだい》で長所《ちょうしょ》になるもの！
指摘《してき》するなら、上手《じょうず》ないい方《かた》を考《かんが》えよう！

ギモン 12

「許《ゆる》せない」と思《おも》ったとき、どうすればいい？

A

自分《じぶん》が許《ゆる》せないと思《おも》ったら、その気持《きも》ちに素直《すなお》になっていい。許《ゆる》せないものは許《ゆる》せないよ！

B

やっぱり広《ひろ》い心《こころ》で許《ゆる》さないと。
まったく許《ゆる》さないとなると、
争《あらそ》いが絶《た》えないじゃないか！

先生《せんせい》、昨日《きのう》ようやく夏樹《なつき》との7日間戦争《かかんせんそう》が終《お》わりました。

えぇ!? 戦争《せんそう》とはえらく物騒《ぶっそう》ですね。なにがあったのですか?

先週《せんしゅう》、貸《か》していたゲームソフトを夏樹《なつき》が返《かえ》してきたんだけど、なんと割《わ》れていたんです。アイツは謝《あやま》ったけど、ボクの大好《だいす》きなゲームだったから素直《すなお》に許《ゆる》せなくて。ただ、1週間考《しゅうかんかんが》えた結果《けっか》、もしボクが同《おな》じことをしても謝《あやま》るしかないし、それで許《ゆる》してもらえなかったら悲《かな》しいなぁと思《おも》い、許《ゆる》すことにしたんです。

冬斗《ふゆと》くん、それはすばらしい。いまの世《よ》の中《なか》には「許《ゆる》せない」という言葉《ことば》が、いたるところにあふれています。自分《じぶん》がひどいことをされたなら、「許《ゆる》せない！」と思《おも》うのもわかりますが、インターネットなどを見《み》ていると、自分《じぶん》に関係《かんけい》ないことでも「許《ゆる》せない」という書《か》き込《こ》みが多《おお》いんですね。

あっ、そういえば、ウチのクラスの女子《じょし》も、大好《だいす》きだったアイドルの熱愛発覚《ねつあいはっかく》というニュースを聞《き》いて、「許《ゆる》せない」といっていました。

そこなんですよ。「もうファンはやめた」とか「嫌《きら》いになった」ならわかるけど、

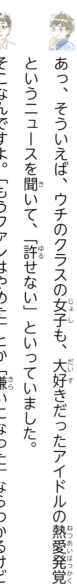

「許《ゆる》せない」という言葉《ことば》には違和感《いわかん》を覚《おぼ》えてしまいます。とりわけ、とくに関《かん》係《けい》のない人《ひと》が口《くち》にするのはちょっとどうなの、と疑問《ぎもん》に思《おも》うよ。

先生《せんせい》からしたら、「許《ゆる》せない」という言葉《ことば》の使《つか》い方《かた》が許《ゆる》せないってわけかぁ。

まぁ、「許《ゆる》せない」とまでは思《おも》いませんが……。言葉《ことば》の意味《いみ》は時代《じだい》とともに変《か》わりますから、「許《ゆる》す」「許《ゆる》せない」という言葉《ことば》を使《つか》うハードルが、昔《むかし》よりもグッと低《ひく》くなったということはたしかでしょう。

むしろ、気《き》になるのは「**寛容性《かんようせい》**」です。寛容《かんよう》は「寛《ひろ》（広《ひろ》）く受《う》け容《い》（入《い》）れる」ということですから、**寛容《かんよう》であればいろいろなことを、ゆるやかに受《う》け止《と》められる**んですね。自分《じぶん》への批判《ひはん》も、寛容《かんよう》な人《ひと》は前向《まえむ》きにとらえます。

みんながみんな、そうならいいけど、なかには心《こころ》が狭《せま》い人《ひと》もいますよね。

そう。寛容《かんよう》でない人《ひと》というのは、相手《あいて》に対《たい》して「まちがっている」といい続《つづ》けるんですね。たとえば、夫婦《ふうふ》でも相手《あいて》のはしの使《つか》い方《かた》が許《ゆる》せない。食《た》べ物《もの》をかむときに音《おと》を立《た》てるのが気《き》に入《い》らない、といったように……。ただ、そんな理《り》

由《ゆう》で離婚《りこん》というのもなんですから、「まぁ、このくらいならいいか」というポイントを決《き》める必要《ひつよう》があるんですね。要《よう》するに、どこまでガマンして、どこからガマンしないか。いい換《か》えれば、どこまで寛容《かんよう》になれるか、ということです。

でも、許《ゆる》せないこともありますよね。自分《じぶん》に関係《かんけい》がないことでも、ホントにイヤなことなら「許《ゆる》せない」というのはアリだと思《おも》います。

そうですね。悪《わる》いことをしている人《ひと》には、やはり「許《ゆる》せない」「悪《わる》いことは悪《わる》い」という声《こえ》を上《あ》げることも必要《ひつよう》です。

たとえば犯罪《はんざい》なんて絶対《ぜったい》に許《ゆる》せない。

もちろんです。ただ、私《わたし》は「許《ゆる》す」という気持《きも》ちをどこかで持《も》っていることも大事《だいじ》だと思《おも》うんですね。突然《とつぜん》ですが、ルワンダという国《くに》を知《し》っていますか？

アフリカの国《くに》ですよね。たしか、国《くに》をこわすような内戦《ないせん》があったとか……。

正解《せいかい》。そのルワンダの女性《じょせい》イマキュレー・イリバギザさんが書《か》いた『生《い》かされて。』という本《ほん》があります。この女性《じょせい》は、自分《じぶん》の家族《かぞく》がべつの部族《ぶぞく》にみな殺《ごろ》し

にされるという強烈《きょうれつ》な体験《たいけん》をするのですが、苦《くる》しみながらもやがてその部族《ぶぞく》を許《ゆる》していくんですね。

そんなのボクは絶対《ぜったい》にムリ。なんで、その女性《じょせい》は許《ゆる》せたのですか？

先生《せんせい》もその理由《りゆう》が知《し》りたくて、彼女《かのじょ》が来日《らいにち》したさい、講演《こうえん》を聞《き》きに行《い》きました。そこで知《し》ったのが、**「憎《にく》しみはまた憎《にく》しみを生《う》むだけ」**ということ。私《わたし》は、本当《ほんとう》にすごいもんだなと思《おも》ったものです。

みんなも、**安易《あんい》に「許《ゆる》せない」といわず、常《つね》に「許《ゆる》す」という意味《いみ》も考《かんが》えながら、寛容《かんよう》さを身《み》につけてほしい**なと思《おも》います。

齋藤流 考えるヒント！

本当《ほんとう》にイヤことをされたなら許《ゆる》せなくて当然《とうぜん》！
ただ、そうでなければ相手《あいて》を許《ゆる》す「寛容《かんよう》さ」も大事《だいじ》！

「自由《じゆう》」と「ワガママ」のちがいってなんなの？

ギモン 13

A

日本《にほん》は自由《じゆう》な国《くに》なんだから自分《じぶん》のやりたいことなら、なにをしたってかまわないよ！

B

日本《にほん》は自由《じゆう》な国《くに》だからこそ、
ルールをきちんと守《まも》って
やりたいことをやればいい！

クラスでいま、ちょっとした話題《わだい》になっているのが、「自由《じゆう》」と「ワガママ」のちがいです。どこまでが自由《じゆう》で、どこからがワガママなんでしょう？

自由《じゆう》とワガママの境界線《きょうかいせん》はむずかしいですね。同《おな》じことをしていても、「自由《じゆう》でいいね」といわれる場合《ばあい》もあれば、「そんなワガママはやめなさい」としかられる場合《ばあい》もある。たとえば、「私《わたし》はお肉《にく》しか食《た》べません」というのはどうでしょう。自由《じゆう》といえば自由《じゆう》だけれども、ワガママだといえなくもない。

肉《にく》しか食《た》べないのは、まあ「自由《じゆう》」かな。栄養《えいよう》のバランスは悪《わる》そうだけど。

なるほどね。でも、こう考《かんが》えたらどうだろう。夏樹《なつき》くんがいうように、栄養《えいよう》のバランスが悪《わる》いと自分自身《じぶんじしん》の健康《けんこう》にもよくないし、またお母《かあ》さんもそれを心配《しんぱい》して困《こま》ってしまう。結局《けっきょく》、人《ひと》に迷惑《めいわく》をかけることになっていませんか？

うーん。最終的《さいしゅうてき》に、自分《じぶん》にも他人《たにん》にも迷惑《めいわく》になる可能性《かのうせい》はあると思《おも》います。

福沢諭吉《ふくざわゆきち》は『学問《がくもん》のすすめ』で、「人《ひと》に迷惑《めいわく》をかけるのがワガママ、迷惑《めいわく》をかけないのは自由《じゆう》」と述《の》べています。では、満員電車《まんいんでんしゃ》でヘッドホンをつけて音楽《おんがく》を聴《き》いている人《ひと》がいる。ところが、大音量《だいおんりょう》で音《おと》もれがひどい。どう思《おも》う？

そりゃ、大迷惑《だいめいわく》だと思《おも》いますよ。

そうだよね。だから、**満員電車《まんいんでんしゃ》で音《おと》もれするほどの大音量《だいおんりょう》で音楽《おんがく》を聴《き》くのはワガママ**ということになるね。では、自分《じぶん》の部屋《へや》や、だれもいない森《もり》のなかで大音量《だいおんりょう》で聴《き》いているとしたら、どうだろう？

ああ、それならいいと思《おも》いますよ。だれにも迷惑《めいわく》かけてないし自由《じゆう》でしょう。

そうだね。だから、ときと場合《ばあい》によって、同《おな》じことでも「自由《じゆう》」か「ワガママ」かは変《か》わるものなんだ。

ちなみに、ワガママと自由《じゆう》の境《さかい》は、全世界共通《ぜんせかいきょうつう》ではありません。日本《にほん》では電車《でんしゃ》のなかで電話《でんわ》をするのはいけないルールになっているけど、車内《しゃない》での電話《でんわ》や音《おと》もれを気《き》にしない国《くに》のほうが多《おお》いといわれています。

逆《ぎゃく》に、日本人《にほんじん》が「これって自由《じゆう》だよね」と思《おも》っていることでも、ほかの国《くに》の人《ひと》からしたら「ワガママだ！」と思《おも》われることもあるんじゃないかなぁ？

いいギモンです。たとえば日本人《にほんじん》は、そばやラーメンなどを食《た》べるとき、「ズズー」と音《おと》を立《た》ててすすりますよね。ところが外国《がいこく》の人《ひと》たちはすする習慣《しゅうかん》がないので、この音《おと》を非常《ひじょう》に不快《ふかい》に感《かん》じます。最近《さいきん》では、この音《おと》が不快《ふかい》どころか「ハラスメント」、つまり「精神的苦痛《せいしんてきくつう》」だと感《かん》じる人《ひと》もいるそうです。

いずれにせよ、**日本《にほん》だろうと外国《がいこく》であろうと、人《ひと》に迷惑《めいわく》をかけることはワガママだという原則《げんそく》は変《か》わらない**ですね。「なにが人《ひと》に迷惑《めいわく》をかけるか?」の基準《きじゅん》が国《くに》によってちがうだけです。

なるほど。もうひとつ、実《じつ》はクラスで話題《わだい》になったのが、社会《しゃかい》に出《で》てからはたらかないのは、自由《じゆう》、それともワガママというものだったんですが……。

はたらく気力《きりょく》や体力《たいりょく》があるのに、はたらかない人《ひと》はどうなのか。先《さき》ほど紹介《しょうかい》した福沢諭吉《ふくざわゆきち》は次《つぎ》のようなことをいっています。

「カネ持《も》ちの家《いえ》に生《う》まれたからといって、はたらかないで毎日遊《まいにちあそ》んでいるのは、一見《いっけん》『自由《じゆう》だからいいじゃないか』と思《おも》うかもしれないけど、それは周《まわ》りに悪《あく》影響《えいきょう》をおよぼす」

つまり、〝なまけもの〟がいると、そのマネをする人《ひと》が大勢《おおぜい》出《で》てきて、社会《しゃかい》がめちゃくちゃになり、結局《けっきょく》みんなが迷惑《めいわく》するということです。

ただ、ケガや病気《びょうき》でホントははたらきたいのに、はたらけない人《ひと》もいますよね。そうした人《ひと》たちの気持《きも》ちを考《かんが》えると、はたらけるのにはたらかない人《ひと》は、他人《たにん》に直接迷惑《ちょくせつめいわく》をかけているわけではありませんが、逆《ぎゃく》によけいにちょっと「ワガママ」なのかぁとも思《おも》ってしまいますね。**自由《じゆう》だからいいじゃないかと好《す》きに行動《こうどう》する前《まえ》に、さまざまな人《ひと》、状況《じょうきょう》を想像《そうぞう》するのも大事《だいじ》**なんじゃないかな。

齋藤流 考える ヒント！

人《ひと》に迷惑《めいわく》をかける行為《こうい》は、日本《にほん》でも世界《せかい》でも「ワガママ」！
そのうえで「自由《じゆう》」とはなにか、あらためて考《かんが》えてみよう！

時間《じかん》をきちんと守《まも》らないと、なにがいけないの？

ギモン 14

A

30分遅《ぷんおく》れたら問題《もんだい》だけど、多少《たしょう》の遅刻《ちこく》ぐらいで怒《おこ》ることないんじゃないの。

B

遅刻《ちこく》はみんなの時間《じかん》を奪《うば》うこと。
時間《じかん》を守《まも》れなければ、
人《ひと》から信用《しんよう》なんてされないよ！

先生《せんせい》、ボクの短所《たんしょ》は時間《じかん》にだらしないところだそうです。実《じつ》はこのあいだ秋音《あきね》ちゃんから、やんわりと注意《ちゅうい》されました。「ワタシも遅《おく》れていいの?」って。

秋音《あきね》ちゃん、ちゃんと伝《つた》えたんだぁ。エラいぞ、よくやった……。

え!? それなんの話《はなし》ですか?

いやゴメン、こっちの話《はなし》(笑)。実《じつ》は、先生《せんせい》も小《ちい》さいころ、遅刻《ちこく》グセというのがありました。いつも遅刻《ちこく》ギリギリで、学校《がっこう》まで走《はし》って通《かよ》っていたんです。「もうちょっと早《はや》く家《いえ》を出《で》ればラクだったのに」と思《おも》うんだけどね。

ボク、完全《かんぜん》にそのタイプです。いや、ギリギリアウトのほうが多《おお》いかも。

何事《なにごと》もギリギリになってからやる人《ひと》は、「まに合《あ》う」という自信《じしん》があるんでしょう。ただ、せっかく実力《じつりょく》があるんだから、余裕《よゆう》をもって取《と》り組《く》めば、もっといいものができるのにとも思《おも》いますね。

でも、まに合《あ》ったのなら、どんなタイミングでもセーフですよね。

そんな考《かんが》えでいると、いつか大失敗《だいしっぱい》をしますよ。**社会《しゃかい》に出《で》てから遅刻《ちこく》をしたり、**

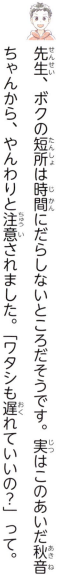

提出物《ていしゅつぶつ》のしめきりにまに合《あ》わなかったりしたら大変《たいへん》なんです。たとえば、待《ま》たせた相手《あいて》が会社《かいしゃ》の取引先《とりひきさき》ならば、1回《かい》の遅刻《ちこく》だけで、時間《じかん》にルーズな人間《にんげん》と仕事《しごと》をするのはイヤだと断《ことわ》られてしまう。また私《わたし》の知《し》り合《あ》いで、教育実習《きょういくじっしゅう》の集合時間《しゅうごうじかん》に15分遅《ふんおく》れただけで、3週間分《しゅうかんぶん》の実習《じっしゅう》を、すべて取《と》り消《け》された人《ひと》がいます。だから、先生《せんせい》も必死《ひっし》に遅刻《ちこく》グセを直《なお》しましたよ。

うーん、なんかわかる気《き》もするんだけど、そもそもなんで、時間《じかん》にちょっと遅《おく》れたくらいで、ガミガミ怒《おこ》られなきゃならないのでしょうか？

時間《じかん》っていうのは、実《じつ》は自分《じぶん》だけのものじゃないんだ。たとえば夏樹《なつき》くんが9時《じ》の待《ま》ち合《あ》わせに1分遅《ぷんおく》れた場合《ばあい》、自分《じぶん》は納得《なっとく》できるよね。寝坊《ねぼう》しちゃったとか、電車《でんしゃ》に乗《の》り遅《おく》れたとかって。でも、**時間《じかん》どおり来《き》ている相手《あいて》にしてみれば、自分《じぶん》の時間《じかん》を奪《うば》われただけ**。「もっと早《はや》く出《で》れば、まに合《あ》ったはずなのになぜ？」ってだれでも思《おも》う。わかるでしょ？

はい……。こりゃ、オトナになる前《まえ》に直《なお》さなきゃ……。

できるかぎり早《はや》く直《なお》すこと。というのも、社会《しゃかい》に出《で》る前《まえ》に進《すす》むであろう大学《だいがく》も、提出物《ていしゅつぶつ》の遅《おく》れには厳《きび》しいんです。卒業《そつぎょう》する前《まえ》に「卒業論文《そつぎょうろんぶん》」というのを書《か》いて提出《ていしゅつ》するんだけど、私《わたし》の勤《つと》める大学《だいがく》では、出《だ》すのが遅《おく》れたらアウト。プリンタがこわれたとか、パソコンがダメになったなどといういいわけもきかない。

それはこわいなぁ。

だから、私《わたし》は学生《がくせい》に「とにかく出《だ》せ。前日《ぜんじつ》まではプリントアウトしろ」といっているんです。「前日《ぜんじつ》まで」というのは、**あせっているときにかぎってトラブルが起《お》こる**から。なぜか、かんじんなときにプリンタがこわれたり、パソコンが動《うご》かなくなるなんて、よくある話《はなし》なんです。

自分《じぶん》の予定《よてい》をしめきりよりも少《すこ》し前《まえ》にズラしておくということを、意識《いしき》してやっておくといいんですね。

そのとおり。期限《きげん》に必《かなら》ずまに合《あ》わせるということが世《よ》の中《なか》では強《つよ》く求《もと》められているから、それができない人《ひと》は社会人失格《しゃかいじんしっかく》となってしまいます。

プロスポーツなんか、成績《せいせき》さえよければなんでもいいじゃないかという世界《せかい》に思《おも》えるけど、実《じつ》はやっぱり遅刻《ちこく》は絶対《ぜったい》ダメなんだね。だからイチロー選手《せんしゅ》は、目覚《めざ》まし時計《どけい》をふたつかけているといいます。

ボクも秋音《あきね》ちゃんに注意《ちゅうい》されて以来《いらい》そうしています。ひとつの目覚《めざ》まし音《おん》だけじゃ、起《お》きられないんですよね。イチロー選手《せんしゅ》も同《おな》じかぁ……。

ちがうよ！ **ひとつでは起《お》きられないからじゃなくて、もしかしたら電池切《でんちぎ》れで止《と》まってしまうかもしれないから**なんです。彼《かれ》のような天才《てんさい》がそうやって努力《どりょく》しているのだから、私《わたし》たちはなおさら注意《ちゅうい》しなければなりませんよね。

齋藤流 考えるヒント！

たった1回《かい》の遅刻《ちこく》で信用《しんよう》を失《うしな》うことも！
常《つね》に予定《よてい》を前倒《まえだお》しして行動《こうどう》するクセをつけよう！

ギモン 15

「個人《こじん》」と「集団《しゅうだん》」、どっちを優先《ゆうせん》すべき？

A

なんでもかんでも集団《しゅうだん》に合《あ》わせていたら、個性《こせい》なんて育《そだ》たないよ！

B

社会《しゃかい》はルールがあって成《な》り立《た》っているのだから、やっぱり集団行動《しゅうだんこうどう》が大事《だいじ》だよ！

低学年《ていがくねん》のときは思《おも》いませんでしたが、最近《さいきん》、校長先生《こうちょうせんせい》のお話《はなし》は「気《き》をつけ」の姿勢《しせい》で聞《き》くようにとか、髪《かみ》は長《なが》くしすぎちゃいけないとか、そんな規則《きそく》に対《たい》してちょっと疑問《ぎもん》があって……。「そこまで決《き》めなくてもいいんじゃないの?」って秋音《あきね》ちゃんともよく話《はな》しているんです。だって、オトナは髪型《かみがた》も自由《じゆう》にしているし、体育座《たいいくずわ》りもしないでしょ。集団《しゅうだん》で同《おな》じことをするよりも、個人個人《こじんこじん》のいい部分《ぶぶん》を伸《の》ばすことが大事《だいじ》じゃないかと思《おも》うんですけど。

体育座《たいいくずわ》り……なつかしいなぁ。ヒザをそろえて座《すわ》ることまで決《き》まっているというのが、いかにも集団行動《しゅうだんこうどう》って感《かん》じですね。ただ、**学校《がっこう》の秩序《ちつじょ》は、集団行動《しゅうだんこうどう》することで保《たも》たれている部分《ぶぶん》もあります**。ひとりの勝手《かって》な行動《こうどう》を許《ゆる》してしまうと、ほかの子《こ》たちは「なんであの子《こ》だけ」となり、校内《こうない》が混乱《こんらん》しちゃうでしょ。

たしかに、おなかが空《す》いたら好《す》きな時間《じかん》に食《た》べていい、なんてルールにしたら、みんなバラバラにご飯《はん》を食《た》べちゃって、大変《たいへん》なことになってしまいますね。

学校《がっこう》は、秩序《ちつじょ》を保《たも》つための集団行動《しゅうだんこうどう》を練習《れんしゅう》する場所《ばしょ》でもあるから、多少《たしょう》ヘンな

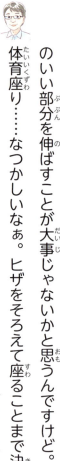

ルールがあっても、基本的《きほんてき》には守《まも》ったほうがいいとは思《おも》います。

大人《おとな》はたしかに体育座《たいいくずわ》りをしないし、髪型《かみがた》も春実《はるみ》ちゃんたちより自由《じゆう》だけど、その分《ぶん》、会社《かいしゃ》などで定《さだ》められた大人独自《おとなどくじ》のルールを守《まも》って生《い》きているんだ。しかも、学校《がっこう》のルールよりよっぽどヘンな決《き》まりもたくさんあるし……。

勝手《かって》に見《み》えるけど、オトナも集団《しゅうだん》に合《あ》わせて行動《こうどう》しているということですか。

大人《おとな》こそ、集団《しゅうだん》で行動《こうどう》することが求《もと》められるんだ。学生《がくせい》なら勝手《かって》なことをしても、せいぜいしかられてオシマイでしょ。だけど会社《かいしゃ》で集団《しゅうだん》に反《はん》して勝手《かって》なことをして周《まわ》りに迷惑《めいわく》をかけたら、最悪《さいあく》クビになっちゃう。クビになったら、お給料《きゅうりょう》がもらえない。その点《てん》、大人《おとな》のほうがツラいよ。

なるほど。でも、学校《がっこう》のヘンなルールにまで従《したが》う必要《ひつよう》はないと思《おも》います。

たしかに、学校《がっこう》のルールのなかには、「こんなことまで?」と疑問《ぎもん》に思《おも》うこともあるでしょう。カバンは自由《じゆう》でいいんじゃないかとか、髪型《かみがた》も少《すこ》しは個性《こせい》を出《だ》してもいいだろうとか……。個人的《こじんてき》には、**集団《しゅうだん》でやったほうがいいものと、**

個人《こじん》の自由《じゆう》に任《まか》せるもののバランスをとるのが大事《だいじ》だと思《おも》う。なんでもかんでも集団《しゅうだん》に合《あ》わせていても、つまらないし、個性《こせい》が消《き》えちゃいますからね。

バランスは、どうとったらいいんですか？

だれが見《み》ても無意味《むいみ》なルールというのはありますよね。そういうルールについては、みんなで話《はな》し合《あ》って、なくしたほうがいいルールはなくしていく。聞《き》いた話《はなし》では、ポニーテールの髪型《かみがた》が禁止《きんし》の学校《がっこう》があるらしいけど、単《たん》に長《なが》い髪《かみ》を後《うし》ろで結《むす》ぶだけのスタイルなのに、それを禁止《きんし》するのはちょっといきすぎじゃないか、という意見《いけん》が出《で》たといいます。

そういう現実《げんじつ》に合《あ》わないものについては、「ここは変《か》えていいんじゃないの？」って、みんなで意見《いけん》を出《だ》し合《あ》っていけばいいんじゃないかな。

じゃあ、体育座《たいいくずわ》りはやめようといってみようかな。

それが本当《ほんとう》におかしいルールであるかはむずかしいところですね。たとえば先《せん》生《せい》が話《はなし》をするときに、体育座《たいいくずわ》りを乱《みだ》した子《こ》がいたら、「あの子《こ》は集中《しゅうちゅう》してないな」

とわかるという理由《りゆう》があるのかもしれない。だから、まずは周《まわ》りの子《こ》や先生《せんせい》がどう思《おも》っているのか、聞《き》いてみたらどうだろう。

ただ結局《けっきょく》、ルールへの考《かんが》えってみんなちがうだろうから、いいか悪《わる》いかの基準《きじゅん》もよくわからないし、ひとつ変《か》えるだけでも大変《たいへん》な気《き》が……。

みんなが協調《きょうちょう》するほうが、物事《ものごと》がスムーズに進《すす》むのはたしかだから、**「協調《きょうちょう》する意味《いみ》がない」ルールはなくしていき、「協調《きょうちょう》したほうがうまくいく」ルールには従《したが》う、としたらどうだろう**。その基準《きじゅん》はキミのいうとおり人《ひと》によってちがうから、どうすべきか、みんなで話《はな》し合《あ》うのがいいと思《おも》うよ。

齋藤流 考えるヒント！

大人《おとな》だってルールに従《したが》って集団行動《しゅうだんこうどう》をしている！協調《きょうちょう》と自由《じゆう》のどちらを優先《ゆうせん》すべきなのか、その基準《きじゅん》をみんなで考《かんが》えてみよう！

ギモン 16

毎日《まいにち》きちんと学校《がっこう》に通《かよ》わなきゃいけないの？

A

学校《がっこう》に通《かよ》うのは当《あ》たり前《まえ》のこと。毎日《まいにち》行《い》かなければ勉強《べんきょう》だって遅《おく》れちゃうでしょ！

B

**向《む》き不《ふ》向《む》きがあるから、
ムリに行《い》く必要《ひつよう》はないよ。
勉強《べんきょう》なら学校《がっこう》でなくてもできる！**

「学校《がっこう》に行《い》くのがメンドーだな」って思《おも》うことがあるんですよね。そもそも、どうして学校《がっこう》に行《い》かなきゃいけないんでしょう？

まず、学校《がっこう》にはきちんと行《い》ったほうがいいと先生《せんせい》は思《おも》う。不登校《ふとうこう》の問題《もんだい》もありますから、どうしても行《い》けないという子《こ》は行《い》かなくてもいい。でも、そうでなければ、毎日通《まいにちかよ》うというのが基本《きほん》になりますね。

うーん。それにしてもなぜ、小学校《しょうがっこう》、中学校《ちゅうがっこう》が義務教育《ぎむきょういく》なのでしょうか？

それは、頭《あたま》のやわらかい時期《じき》に、ある程度《ていど》のことを学《まな》んでおけば、社会《しゃかい》でうまく生《い》きていく基礎《きそ》ができるからだよ。**「将来《しょうらい》、役《やく》に立《た》つの？」と思《おも》っている教《きょう》科《か》で学《まな》んだことも、意外《いがい》と自分《じぶん》の知識《ちしき》として根《ね》づいています。それが教養《きょうよう》**です。そうした教養《きょうよう》が、社会《しゃかい》に出《で》てからの会話《かいわ》や計算《けいさん》などで役立《やくだ》つわけですね。

「朝早《あさはや》く起《お》きるのがメンドーだから」ぐらいでは、学校《がっこう》に行《い》かない理由《りゆう》にはならないということかぁ。

いま話《はな》したように、イジメがあったりして不登校《ふとうこう》にならないかぎりは、学校《がっこう》に

通《かよ》うのが基本《きほん》です。また、もし不登校《ふとうこう》になっても、そういう子《こ》を受《う》け入《い》れるフリースクールなどが、現在《げんざい》は充実《じゅうじつ》しつつあります。ですから、学校《がっこう》がどうしても苦手《にがて》でも、勉強《べんきょう》するための居場所《いばしょ》は、いくらでもつくれるんだ。

でも、学校《がっこう》なんかなかった昔《むかし》の時代《じだい》は、子《こ》どもたちは自由《じゆう》に暮《く》らしていたわけですよね。それが、いまどうして、毎日同《まいにちおな》じ場所《ばしょ》に通《かよ》ってメンドーなことをやらなきゃいけないのか、やっぱりギモンに思《おも》うことはあります。

いいギモンです。**実《じつ》は、わざわざ面倒《めんどう》なことをする場所《ばしょ》だからこそ、学校《がっこう》に意《い》味《み》がある**ともいえるんだ。学校《がっこう》は勉強《べんきょう》をすることはもちろんだけど、集団生活《しゅうだんせいかつ》を学《まな》ぶ場《ば》でもあります。社会《しゃかい》に出《で》ればイヤでも集団《しゅうだん》の一員《いちいん》として生《い》きていくことを求《もと》められるから、早《はや》いうちに学校《がっこう》で練習《れんしゅう》しておくわけですね。

学校《がっこう》にはイヤなヤツもいるだろうし、自分《じぶん》が決《き》めたわけでもない時間割《じかんわり》に沿《そ》って行動《こうどう》しなければいけないから、たしかに気《き》が重《おも》くなることもあるでしょう。

でも、そういう経験《けいけん》をすることで、人間関係《にんげんかんけい》の築《きず》き方《かた》や時間《じかん》どおりに動《うご》くという、社会《しゃかい》で必要《ひつよう》な素養《そよう》が身《み》についていくんですよ。

なるほど。学校《がっこう》のメンドくささにこそ意味《いみ》があるんですね。

学校《がっこう》が楽《たの》しければ、それにこしたことはないけど、いいことばかりではないですよね。先生《せんせい》も大人《おとな》になって思《おも》ったけど、**小学校《しょうがっこう》も中学校《ちゅうがっこう》も、私《わたし》たちが生《い》きる大《おお》きな人間社会《にんげんしゃかい》というものを、ギュッと縮《ちぢ》めたミニ版《ばん》**みたいなものなんです。これを「**社会《しゃかい》の縮図《しゅくず》**」などといいますが、逆《ぎゃく》から考《かんが》えると、**小学校《しょうがっこう》のクラスをもっと拡大《かくだい》したものが社会《しゃかい》だということもできる**。まったく社会《しゃかい》と関係《かんけい》ないなら、なんの練習《れんしゅう》にもならないけれど、このへんはうまくできているんですね。

小学校《しょうがっこう》での経験《けいけん》が、オトナになってもそのまま役《やく》に立《た》つんですね。

意識《いしき》はしていないだろうけど、実《じつ》は冬斗《ふゆと》くんも、すでにある程度《ていど》の社会性《しゃかいせい》を身《み》につけているんだ。その社会性《しゃかいせい》は小学校《しょうがっこう》、中学校《ちゅうがっこう》と上《あ》がるにつれてどんどんレベルアップしていく。もちろん、高校《こうこう》、大学《だいがく》と進《すす》めばもっと上《あ》がっていくわけです。先生《せんせい》が「高校《こうこう》、大学《だいがく》には、行《い》けるのであれば行《い》ったほうがいい」と考《かんが》え

ているのは、そうやって人間《にんげん》の幅《はば》が広《ひろ》がっていくというのが理由《りゆう》なんですよ。
ただ、いまのところメンドくさいながらも学校《がっこう》に通《かよ》っていますが、イジメなどなにかのきっかけで不登校《ふとうこう》になる可能性《かのうせい》もあるかも、と思《おも》います。
もちろん、**どうしても合《あ》わない、行《い》くのがイヤだということであれば、親《おや》に相《そう》談《だん》して転校《てんこう》すればいい。学校《がっこう》にも自分《じぶん》に合《あ》う、合《あ》わないがあります**から。先《さき》ほど話《はな》したフリースクールや、高校《こうこう》であれば通信制《つうしんせい》の学校《がっこう》もあります。
いまや学校《がっこう》の形《かたち》はさまざま。いろいろな人《ひと》がいるから面倒《めんどう》なことも多《おお》いだろうけど、それも自分《じぶん》の幅《はば》を広《ひろ》げるためだと思《おも》って、がんばって通《かよ》おうね。

齋藤流 考える ヒント！

**学校《がっこう》は社会性《しゃかいせい》を身《み》につける訓練《くんれん》の場《ば》！
ただしどうしても合《あ》わなければ、ちがう道《みち》もある！**

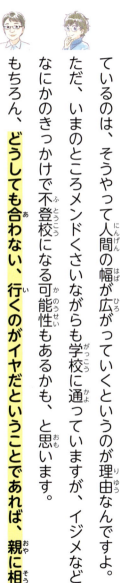

なんで、ちゃんとあいさつしなきゃいけないの？

ギモン 17

A

あいさつするのは当《あ》たり前《まえ》。
だってみんなと
仲《なか》よくなるための第一歩《だいいっぽ》だもん！

B

べつにあいさつなんかしなくて、
フツーにおしゃべりでいいじゃん。
いちいちメンドくさいし。

お母《かあ》さんから「あいさつはしっかりね」といわれるし、学校《がっこう》でも「元気《げんき》にあいさつしよう」といわれます。そんなにあいさつって重要《じゅうよう》なんでしょうか?

あいさつというのは、実《じつ》はみんなが思《おも》う以上《いじょう》に社会《しゃかい》では重要視《じゅうようし》されているんですよ。**極端《きょくたん》な話《はなし》、あいさつさえしっかりしていれば、それだけで「この人《ひと》はちゃんとしている」と思《おも》われる**ところがあります。たとえば会社《かいしゃ》の面接《めんせつ》でも、声《こえ》を出《だ》してあいさつができると、「彼《かれ》は社会性《しゃかいせい》があるな」と評価《ひょうか》される。逆《ぎゃく》に、あいさつがイマイチだと、いきなり問題《もんだい》ありだと思《おも》われてしまいます。

あいさつは、人間関係《にんげんかんけい》の入《い》り口《ぐち》、最初《さいしょ》の一歩《いっぽ》ということでしょうか?

冬斗《ふゆと》くんもうまいことというね。初対面《しょたいめん》なのに、あいさつもろくにできなかったら「なんだ、彼《かれ》の態度《たいど》は?」ってなるのも当然《とうぜん》。そしてサイアクの場合《ばあい》、「この人《ひと》といっしょにはたらくのは、やめておこう」ってことにもなる。

あいさつぐらいきちんとしろ、というのは意味《いみ》があるアドバイスなんですね。

そう。**かんたんなことだからこそ、できないとなるとものすごくマイナスのイ**

メージになっちゃう。しかも、ただあいさつできればいいというわけでもない。声《こえ》の大《おお》きさ、明《あか》るい表情《ひょうじょう》、背筋《せすじ》など、さまざまな面《めん》から質《しつ》が問《と》われるんですよ。

へぇ。ただ、あいさつを大事《だいじ》にするのは、日本独自《にほんどくじ》の伝統《でんとう》ですよね？

いいえ、日本《にほん》だけではありません。世界中《せかいじゅう》そうです。いや、海外《かいがい》のほうが日本《にほん》より、あいさつを大事《だいじ》にしているかもしれません。それは、相手《あいて》への警戒《けいかい》、あるいはチェックの意味《いみ》があいさつに込《こ》められているからです。

たとえば外国人《がいこくじん》はあいさつのさい、よく握手《あくしゅ》をするでしょ。それは「きき腕《うで》に危険物《きけんぶつ》を持《も》っていませんよ」とアピールするためでもあるんです。

ということは、あいさつは「世界共通語《せかいきょうつうご》」ってことか。

そうだね。**ちゃんと笑顔《えがお》であいさつできれば、世界中《せかいじゅう》で友《とも》だちができる**よ。

じゃあ、ボクはだいじょうぶだ。だれにでもあいさつするようにしているし。

疑《うたが》うわけじゃないけど、本当《ほんとう》にあいさつがきちんとできているかどうか、確認《かくにん》したほうがいいかもよ。実《じつ》は、「自分《じぶん》はあいさつができてないなぁ」なんて思《おも》う人《ひと》はまずいない。大半《たいはん》の人《ひと》は、「そんなのできているに決《き》まってる!」と思《おも》っている。ところが、実際《じっさい》できていない人《ひと》はかなり多《おお》い。自分《じぶん》でも気《き》づきにくいから、直《なお》す機会《きかい》もないんだ。

そうなんですか? そういわれると自信《じしん》がなくなってきました……。

だいじょうぶ。「あいさつ力《りょく》」をかんたんに調《しら》べられる方法《ほうほう》を紹介《しょうかい》しましょう。5人《にん》くらいのグループで順番《じゅんばん》にあいさつをしてもらうのです。すると、だれのあいさつがいいのかがわかりますから。次《つぎ》に、自分《じぶん》もそのグループに入《はい》ってやってみる。これで、自分《じぶん》のあいさつがいいか悪《わる》いか、すぐにわかるんだ。

さっそく夏樹《なつき》と春実《はるみ》ちゃん、それに秋音《あきね》ちゃんとやってみます。あ、5人《にん》だから先生《せんせい》もいっしょにやりましょう!

いいですよ、もちろん。こういうことを「**自己客観視**《じこきゃっかんし》」といいます。自分《じぶん》のことはなかなか客観的《きゃっかんてき》に評価《ひょうか》できないものだけど、仲間《なかま》と比《くら》べることで、自分《じぶん》を客観的《きゃっかんてき》に見《み》る習慣《しゅうかん》をつけることができるわけですね。

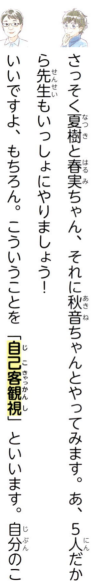

あいさつは習慣《しゅうかん》になってないと、パッと出《で》てきません。ふだんから「お世話《せわ》になりました」「ありがとうございました」などとハッキリいう人《ひと》は、「あ、どうも～」なんていう人《ひと》よりも、信頼《しんらい》されるのはまちがいない。

じゃあ、これからは練習《れんしゅう》をかねて、近所《きんじょ》の人《ひと》とか親戚《しんせき》などのオトナに対《たい》しても、さらに積極的《せっきょくてき》にあいさつしてみようかな。

そうだね。「たかが、あいさつ」なんてバカにせずに、きっちりとやったほうが絶対《ぜったい》にいい。先《さき》ほどもいったように、**あいさつができるだけで、社会《しゃかい》に出《で》たときプラスになる**のですから。

齋藤流 考えるヒント！

あいさつは、意外《いがい》とできているようでできていない！友《とも》だちといっしょに「あいさつ力《りょく》」を比《くら》べてみよう！

ギモン 18

正《ただ》しい「言葉《ことば》づかい」で話《はな》したほうがいいのはなぜ？

A

「ウザい」「ヤバい」「キモい」などマイナスの言葉《ことば》ばかりいってると、気持《きも》ちもドヨーンとしてくるよ！

B

友《とも》だち同士《どうし》だったら、
通《つう》じさえすればいいんじゃね？
「マジ」「ヤバい」で十分《じゅうぶん》じゃんか！

先生《せんせい》、先日《せんじつ》はあいさつの練習《れんしゅう》にご協力《きょうりょく》いただき、誠《まこと》にありがとうございました。

ずいぶんかしこまった言葉《ことば》づかいですね。あ、あのとき「最近《さいきん》は男女《だんじょ》の言葉《ことば》にあまり差《さ》がなくなってきました」なんて話《はなし》をしたからだね、秋音《あきね》ちゃん。

そうです！　たまにはこういう言《い》い方《かた》もしようかなって。ふだんの女子《じょし》の友《とも》だち同士《どうし》のおしゃべりでは、男子《だんし》の言葉《ことば》づかいと変《か》わりませんが。

だよね。女子《じょし》が「〜だわ」なんていっていたのは昔《むかし》の話《はなし》で、いまや女子《じょし》が男子《だんし》のことを「オマエ」って呼《よ》んだり、「〜じゃん！」「それキモくね？」なんていっちゃう。女性《じょせい》には女性《じょせい》のいい言葉《ことば》があるのに……。

そんなことをいうなんて、先生《せんせい》も古《ふる》いタイプの人ですね。

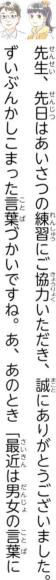

むむむ。まぁ女子言葉《じょしことば》、男子言葉《だんしことば》は置《お》いとくとしてもね。**乱暴《らんぼう》な言葉《ことば》づかいとていねいな言葉《ことば》づかいでは、やっぱり心《こころ》の安《やす》らぎがちがう**はずですよ。

実際《じっさい》、こういう例《れい》がありました。ある学校《がっこう》のクラスで、非常《ひじょう》に乱暴《らんぼう》な言葉《ことば》づかいがまん延《えん》し雰囲気《ふんいき》は最悪《さいあく》に。そこで、先生《せんせい》が「男子《だんし》は女子《じょし》に対《たい》して、今後《こんご》は呼《よ》び捨《す》てじゃなくて『さん』づけで呼《よ》ぶ。女子《じょし》は男子《だんし》を『くん』づけで呼《よ》ぶように」と提案《ていあん》したところ、スッと落《お》ち着《つ》いたそうです。でも当然《とうぜん》ですよね。だって「齋藤《さいとう》、ふざけんじゃねぇよ！」に「くん」をつけるだけで、すごく言《い》いにくくなるでしょ。「齋藤《さいとう》くん、ふ、ふざけんじゃないよ……」って（笑）。

たしかに（笑）。「○○くん、オマエさぁ」というのもヘンですよね。

それを聞《き》いて、言葉《ことば》というのは人間《にんげん》の行動《こうどう》にかなり影響《えいきょう》があるんだなと思《おも》いました。ていねいな言葉《ことば》づかいをしていると、相手《あいて》に対《たい》してていねいな接《せっ》し方《かた》になる。逆《ぎゃく》に乱暴《らんぼう》な言葉《ことば》づかいをしていると、性格《せいかく》まで荒《あ》れてくる。たとえば、**なにに対《たい》しても「ウザい」といっていると、心《こころ》がだんだんにごっていく。色《いろ》でいうと、せっかく12色《しょく》、24色《しょく》もあるのに、全《ぜん》部《ぶ》混《ま》ぜ合《あ》わせてしまって、灰色《はいいろ》になっちゃうというイメージ**ですね。

あ、それ、少《すこ》しわかります。べつにウザくないときでも「ウザい」といっていると、本当《ほんとう》になにもかもウザくなってくることがありますから。

「ウザい」「ムカつく」「キモい」など、マイナスの言葉《ことば》を使《つか》うのをやめようと心《こころ》がけるだけでずいぶん変《か》わりますよ。もし「ウザい」といいかけても、ほかの言葉《ことば》でいい換《か》える努力《どりょく》をする。そうすると語《ご》いが豊富《ほうふ》になるじゃないですか。

「ウザい」の代《か》わり……。「ちょっとうっとうしいね」とか、かな？

いいですね。そのように「語《ご》い力《りょく》」を高《たか》めていくと、心《こころ》も行動《こうどう》も自然《しぜん》とこまやかになっていきます。**なんでも「カワイイ」とか「ヤバい」というのでは、教《きょう》養《よう》やヘタをすれば人間性《にんげんせい》まで疑《うたが》われてしまう**でしょう。

うーん。ただ「ヤバい」はホント便利《べんり》なんですよ。便利《べんり》すぎて、なんでも使《つか》えちゃう。食《た》べ物《もの》がおいしくても「ヤバい」、まずくても「ヤバい」って。

それはそれで、悪《わる》いとはいわないけど、語《ご》いが少《すく》なすぎでしょ。せっかく**日本《にほん》語《ご》には、豊《ゆた》かな感情《かんじょう》を表現《ひょうげん》できる言葉《ことば》がたくさんある**のに、もったいない。

でも、しつこいようですけど、多《おお》くのことをひと言《こと》で表現《ひょうげん》して通《つう》じ合《あ》えるというのも、すごいことだと思《おも》うんですが。

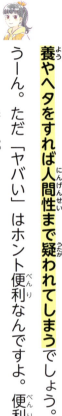

なるほど。そういう考《かんが》え方《かた》もあるね。たしかに、友《とも》だち同士《どうし》で「ヤバくない？」なんていい合《あ》っている分《ぶん》には、問題《もんだい》ないと思《おも》うんです。

ですよねぇ〜。さすが先生《せんせい》、理解力《りかいりょく》がヤバすぎです！

オイオイ（笑）。親《おや》とか先生《せんせい》にまで「それ、ヤバイです」というのは完全《かんぜん》にアウト。あくまで、友《とも》だちと話《はな》すときに限定《げんてい》する。そのために、プライベートとそうでない場面《ばめん》のちがいを、意識《いしき》して話《はな》す訓練《くんれん》をすること。それができないと、面接《めんせつ》などちゃんとすべき場《ば》でも、「ヤバい」「カワイイ」が出《で》ちゃうよ。それこそがいちばん「ヤバい」ことなんだけどね（笑）。

齋藤流 考えるヒント！

言葉《ことば》には人格《じんかく》を変《か》えるほどの威力《いりょく》がある！
いろいろな言葉《ことば》を使《つか》って「語《ご》い力《りょく》」を高《たか》めていこう！

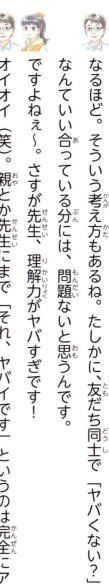

学校《がっこう》にお化粧《けしょう》していくのはいけないことなの？

ギモン 19

A

だれにも迷惑《めいわく》かけてないんだし、
オトナがお化粧《けしょう》ＯＫで
子《こ》どもはダメなのはおかしい！

B

お化粧《けしょう》に力《ちから》を入《い》れるよりも、
勉強《べんきょう》や遊《あそ》びに力《ちから》を入《い》れたほうが、
学校生活《がっこうせいかつ》はもっと楽《たの》しくなる！

友《とも》だちが、このあいだ学校《がっこう》にお化粧《けしょう》をしてきたんです。先生《せんせい》にしかられてトイレで顔《かお》を洗《あら》っていたけど、よく考《かんが》えてみると、どうしてお化粧《けしょう》がいけないのかわかりません。オトナはみんなお化粧《けしょう》しているのに……。

「お化粧《けしょう》する権利《けんり》」ということを考《かんが》えると、子《こ》どもにだってあるといえるでしょう。キレイにしたいという思《おも》いは、大人《おとな》も子《こ》どもも同《おな》じはずだから。でも、やっぱり**お化粧《けしょう》は大学生《だいがくせい》くらいから、って思《おも》っている人《ひと》も多《おお》い**と思《おも》うよ。
たとえば、小学生《しょうがくせい》がお化粧《けしょう》をして登校《とうこう》してきたとします。もちろん、お化粧《けしょう》をしているから、ちょっとかわいく見《み》えたりしますね。すると、秋音《あきね》ちゃんみたいに「うらやましい」と思《おも》う子《こ》がきっと出《で》てくる。そして、ほかの女《おんな》の子《こ》もお化粧《けしょう》をする。やがて、クラスの女子全員《じょしぜんいん》がお化粧《けしょう》してくる。さて、その場面《ばめん》を想像《そうぞう》してみて。そんなクラスの様子《ようす》、なんかヘンじゃない?

そうですね。どうしてかわからないけど、ヘンなのはわかります。

どうしてヘンなのかといえば、学校《がっこう》はお化粧《けしょう》でかわいさを見《み》せつけるのが目的《もくてき》の場所《ばしょ》ではないからです。本来《ほんらい》、学校《がっこう》はなにをする場所《ばしょ》かというと……。

それは、勉強《べんきょう》をして、いろんな行事《ぎょうじ》に参加《さんか》して……。

そうだね。勉強《べんきょう》や学校行事《がっこうぎょうじ》を通《つう》じて、人間《にんげん》として成長《せいちょう》していく場所《ばしょ》。つまり、**友《とも》だちのこと、勉強《べんきょう》のこと、遊《あそ》びのことなどなど、見《み》た目《め》より、もっと気《き》にすべきことがたくさんある**んだ。

では、お化粧《けしょう》はいつからしてもいいと、先生《せんせい》は思《おも》いますか？

先生《せんせい》はふだん大学《だいがく》で教《おし》えているけど、大学《だいがく》は義務教育《ぎむきょういく》ではないし、学生《がくせい》にもある程度《ていど》の自由《じゆう》があるから、お化粧《けしょう》をしてもいいと思《おも》います。実際《じっさい》にお化粧《けしょう》する子《こ》もいれば、まったくしない人《ひと》もいますし。

ちょっと待《ま》ってください。大学《だいがく》の前《まえ》に高校《こうこう》だって義務教育《ぎむきょういく》じゃないですよね。

そう。ここが「義務教育《ぎむきょういく》じゃないからOKでしょ」という意見《いけん》と、「まだ早《はや》い」という意見《いけん》の分《わ》かれ目《め》なんですね。もちろん、校則《こうそく》で禁止《きんし》されているなら基本《きほん》的《てき》にダメ。じゃあ、なぜ校則《こうそく》でダメなのか、その理由《りゆう》はなんだろう？

うーん、やっぱり学校《がっこう》は勉強《べんきょう》する場《ば》だから？

学校《がっこう》ごとに細《こま》かい理由《りゆう》はあるけど、基本的《きほんてき》にはそうですね。未成年《みせいねん》なわけですから、化粧品《けしょうひん》を買《か》うおカネなども含《ふく》めて、親《おや》の責任《せきにん》、あるいは意見《いけん》、考《かんが》えなどもあるでしょう。

それにやっぱり、髪《かみ》の毛《け》をハデに染《そ》めている、あるいはメイクバッチリの子《こ》がクラスにいたら、「勉強《べんきょう》しよう！」という雰囲気《ふんいき》とは合《あ》わない気《き》がします。さらに、ほかの生徒《せいと》へ余計《よけい》な影響《えいきょう》をあたえてしまうかもしれませんし……。

そのへんは小《しょう》・中学校《ちゅうがっこう》と同《おな》じなんだ。大学生《だいがくせい》からは「学生《がくせい》」と呼《よ》ばれて、ちょっとオトナ感《かん》があるけど、高校生《こうこうせい》は小《しょう》・中学生《ちゅうがくせい》と同《おな》じ「生徒《せいと》」ですし。

それはなかなかするどい視点《してん》だ。

ただ、親戚《しんせき》の子《こ》が通《かよ》う高校《こうこう》は、かなり自由《じゆう》みたいなんですけど。

まぁ、高校《こうこう》は基本的《きほんてき》に自分《じぶん》で選《えら》べるから、そういう自由《じゆう》な校風《こうふう》の学校《がっこう》に進《すす》むという手《て》はあるよね。ちなみに、先生《せんせい》は小学《しょうがく》6年生《ねんせい》のとき、国立《こくりつ》の中学《ちゅうがく》を受験《じゅけん》し

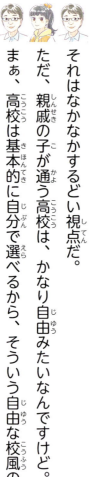

ました。その理由《りゆう》は、地域《ちいき》の中学校《ちゅうがっこう》が丸坊主《まるぼうず》を強制《きょうせい》していたから（笑）。それがイヤで国立《こくりつ》の学校《がっこう》を受験《じゅけん》したんですよ。だから、せめて髪型《かみがた》ぐらいは自由《じゆう》にさせてほしいという気持《きも》ちは、実《じつ》は痛《いた》いほどわかる（笑）。

ワタシも早《はや》くオトナになって、もっとオシャレしたい！

だよね。ただやっぱり、小《しょう》・中学生《ちゅうがくせい》の髪型《かみがた》や身《み》だしなみには一定《いってい》の限度《げんど》があるべきだ、と思《おも》います。学校《がっこう》は、勉強《べんきょう》して遊《あそ》んでみんなと仲《なか》よくしていく場《ば》なのだから、お化粧《けしょう》で自己主張《じこしゅちょう》するのは、ちょっとちがう。**お化粧《けしょう》をする前《まえ》に、キミたちにはやることがあるよね、ということなの**です。

齋藤流 考えるヒント！

みんながお化粧《けしょう》している教室《きょうしつ》ってヘンだよ！自己主張《じこしゅちょう》するなら勉強《べんきょう》や遊《あそ》びでしょう！

ギモン
20

好《す》きになったら相手《あいて》に その気持《きも》ちを伝《つた》えるべき？

A

相手《あいて》が自分《じぶん》のことを
好《す》きじゃないかもしれないし、
恥《は》ずかしいからいわないでおく！

?
あ〜〜、
やっぱり恥ずかしいし
言えないムリ！
声かけられない！

B

人間《にんげん》なんだから、
人《ひと》を好《す》きになるのは自然《しぜん》なこと。
自分《じぶん》の気持《きも》ちに素直《すなお》になっていい！

実《じつ》は、いま好《す》きな人《ひと》がいるのですが、どうしていいかわからないんです。好《す》きという気持《きも》ちを相手《あいて》に伝《つた》えるか、それともそれにフタをすべきか、ですね。

相手《あいて》がワタシのことをどう思《おも》っているのかも、わからないですし……。

学生《がくせい》のころ、先生《せんせい》にもバレンタインのチョコレートをくれた女《おんな》の子《こ》がいたんだけど、なんとなくお返《かえ》しもせずに、そのままになってしまったことがありました。そういうことを思《おも》い出《だ》すと、勉強《べんきょう》やスポーツばかりやっていないで、10代《だい》のころにもっと恋愛《れんあい》しておけばよかったと思《おも》うこともあるんですね（笑）。

先日《せんじつ》、テレビ局《きょく》の人《ひと》に「先生《せんせい》、勉強《べんきょう》やスポーツは若《わか》いときにしかできないから、それでよかったんですよ」となぐさめられましたが……。

ちょっとウケます（笑）。先生《せんせい》はそんなに恋愛《れんあい》に消極的《しょうきょくてき》だったんですか。

うーん、少《すく》なくとも恥《は》ずかしくてなかなか告白《こくはく》できなかったですね。そんな私《わたし》がいうのもなんですが、好《す》きだという気持《きも》ちをかかえて苦《くる》しいのなら、思《おも》い切《き》って伝《つた》えてみるのもいいと思《おも》います。

ただ、いきなり「好《す》きです。つき合《あ》ってください」といって断《ことわ》られるとダメージが大《おお》きいので、まずは段階《だんかい》を踏《ふ》んで、たとえば、「今日《きょう》、いっしょに帰《かえ》りませんか」と誘《さそ》ってみるとか。ここから仲《なか》よくなるチャンスもあると思《おも》うから、とりあえず、**まずはきっかけを工夫《くふう》してみるといい**んじゃないかなぁ。

でも、そこで断《ことわ》られちゃったら、結局《けっきょく》、まったく見込《みこ》みがなかったことになると思《おも》うんですけど……。

見込《みこ》みなんてだれにもわからないよ。それに、いっしょに帰《かえ》るのを断《ことわ》られたくらいなら、学校《がっこう》で気《き》まずくなることもないでしょ。どうするかは秋音《あきね》ちゃんの自由《じゆう》ですが、**苦《くる》しいなら、一歩《いっぽ》踏《ふ》み込《こ》んでみるのもひとつの手《て》**だよ。

たしかに、なにもしないというのは、ワタシの性格《せいかく》に合《あ》わないかも。

参考《さんこう》になるかわからないけど、こんなことがあったんだ。かつて先生《せんせい》が武道《ぶどう》を教《おし》えた女《おんな》の子《こ》のこと。彼女《かのじょ》は武道《ぶどう》とは縁《えん》もゆかりもないイメージなのに、どうしてもやりたいというんだ。どういうわけかと思《おも》ったら、道場《どうじょう》にカッコいい男《おとこ》

の子《こ》がいて、その子《こ》のことが好《す》きだったんだね。それで入門《にゅうもん》してきてしばらくしたら、なんとそのふたりはつき合《あ》い始《はじ》めたんだ。いや、すごいパワーだなぁ、と感心《かんしん》したものです。

へぇ、すごい。ちょっぴり勇気《ゆうき》がわいてきました。いままで、うしろめたさもあったんですが、人《ひと》を好《す》きになるのは恥《は》ずかしいことではないんですね。

もちろん、そんなことないよ。むしろステキなことだと思《おも》う。**百人一首《ひゃくにんいっしゅ》を習《なら》ったと思《おも》うけど、そのなかでいちばん多《おお》いのは恋《こい》の歌《うた》**なんです。日本最古《にほんさいこ》の歌集《かしゅう》といわれる『万葉集《まんようしゅう》』にも、恋《こい》の歌《うた》がたくさんあります。また現代《げんだい》でも、多《おお》くのミュージシャンがラブソングを歌《うた》っていますよね。恥《は》ずかしいことなら、昔《むかし》からいままで、これほど多《おお》くの恋《こい》の歌《うた》はできなかったはずですよ。

たしかにそうですね。人間《にんげん》として当《あ》たり前《まえ》ってこと、か。

だから、まずは自分《じぶん》の気持《きも》ちに素直《すなお》になること。ただ、女《おんな》の子《こ》は恋愛《れんあい》と勉強《べんきょう》やスポーツを両立《りょうりつ》できるけど、男子《だんし》はそのあたりがわりとダメ。恋《こい》をすると気持《きも》

ちが浮《うわ》ついて、勉強《べんきょう》にもスポーツにも身《み》が入《はい》らなくなることが多《おお》いんだよね。

ええ!? そうなんですか？

江戸時代《えどじだい》の剣豪《けんごう》、宮本武蔵《みやもとむさし》も『五輪書《ごりんのしょ》』で、「恋愛《れんあい》は修行《しゅぎょう》のじゃまになるから忘《わす》れろ」ということを書《か》いています。このように、なにかに打《う》ち込《こ》むのはカッコいいこと。その一方《いっぽう》で、**告白《こくはく》してフラれることも含《ふく》めて成長体験《せいちょうたいけん》**だとも思《おも》う。

もちろん「自分《じぶん》はモテない」とか悩《なや》みすぎるのはよくない。恋愛《れんあい》がすべてじゃないし、まだ出会《であ》いがないだけなんだろうから。だから**自分《じぶん》のタイミングで、人《ひと》を好《す》きになって理解《りかい》して、人《ひと》としての器《うつわ》を広《ひろ》げていけばいい**と思《おも》うよ。

齋藤流 考えるヒント！

人《ひと》を好《す》きになるのは、きわめて自然《しぜん》でステキなこと！
自分《じぶん》のタイミングで出会《であ》いを大切《たいせつ》にしていこう！

[著者紹介]

齋藤孝（さいとう・たかし）

1960年、静岡県生まれ。明治大学文学部教授。東京大学法学部卒業。同大学院教育学研究科博士課程等を経て、現職。専門は教育学、身体論、コミュニケーション論。『身体感覚を取り戻す』（NHK出版）で新潮学芸賞受賞。『声に出して読みたい日本語』（草思社）がシリーズ260万部のベストセラーになり日本語ブームをつくる。

『頭のよさはノートで決まる』『すぐ使える！ 四字熟語』『「やり抜く力」が磨かれる！西郷どんの言葉』（以上、ビジネス社）、『こども 日本の歴史』（祥伝社）、『超訳こども「アドラーの言葉」』『超訳こども「アインシュタインの言葉」』（以上、KADOKAWA）、『こども孫子の兵法』『こども君主論』『こどもブッダのことば』（以上、日本図書センター）など著書多数。NHK Eテレ「にほんごであそぼ」総合指導、TBSテレビ「情報7days ニュースキャスター」など、TVコメンテーターとしても活躍中。

編集協力：望月太一郎
イラスト：かたおかもえこ

キミたちはどう学ぶか？ こどものための道徳 学び方編

2018年3月4日 第1刷発行
2018年3月10日 第2刷発行

著　者　齋藤 孝
発行者　唐津 隆
発行所　株式会社ビジネス社
〒162-0805 東京都新宿区矢来町114番地 神楽坂高橋ビル5F
電話 03(5227)1602 FAX 03(5227)1603
http://www.business-sha.co.jp

〈カバーデザイン〉尾形 忍（Sparrow Design）
〈本文デザイン・組版〉茂呂田剛（エムアンドケイ）
〈印刷・製本〉シナノ パブリッシング プレス
〈編集担当〉大森勇輝 〈営業担当〉山口健志

ISBN978-4-8284-2013-4